真善美叢書

路得的故事

女性生命中的12個關鍵時刻

卓滌娜 著・陳秋蓮 譯

基道出版社

▼

真善美叢書

路得的故事

女性生命中的十二個關鍵時刻

The Story of Ruth

Twelve Moments in Every Woman's Life

作者

卓滌娜 Joan D. Chittister

插畫作者

史偉生 John A. Swanson

翻譯

陳秋蓮

責任編輯

何敏璇

裝幀設計

胡立強

■

出版／發行

基道出版社

香港沙田火炭坳背灣街26號富騰工業中心1011室

LOGOS PUBLISHERS

Unit 1011, Fo Tan Ind. Centre, 26 Au Pui Wan St., Shatin, Hong Kong

電話：(852) 2687-0331　傳真：(852) 2687-0281

網址：http://www.logos.com.hk

承印

基業印刷廠有限公司

●

12/2003初版　9/2004二版

Cat. No. LP747-2

ISBN-10: 962-457-251-8

ISBN-13: 978-962-457-251-3

Original Edition "The Story of Ruth"

Published by Wm B. Eerdmans Publishing Company

刷次	11	10	9	8	7	6	5	4	3	2
年份	2019	2018	2017	2016	2015	2014	2013	2012	2011	2010

謹將此書獻給嘉兒 (Gail)

在她裏面活著路得和拿俄米的心靈。

因著她，我也得以常常不忘她們的精神。

卓瀿娜

(Joan D. Chittister)

我為「故事」和敍述藝術加上圖畫的興趣
源於我的母系家族，他們在革命的時期離開墨西哥。
我母親給我講述的那些充滿憐憫、英勇和犧牲的故事，
使我銘記著我們那些僑民先祖。
我謹將這書獻給我的母親
史韋麗慈（Magdalena Velasquez Swanson），
她於一九〇九年生於墨西哥奇瓦瓦（Chihuahua, Mexico）。
我繪畫《路得的故事》（*The Story of Ruth*）
的藝術靈感是來自人類歷世歷代的難民、
移民和四處遷徙的民族。
他們飄洋過海，為的是要尋找一處
可以活得有尊嚴的地方，並得以安居樂業。
他們的故事會延續下去，
並把我們接連到路得和拿俄米的經歷裏。
鼓勵我為這故事繪圖的還有我的牧者，
奧斯定會的米凡德神父（Fr. Michael McFadden, O.S.A.）。
他曾在拉丁美洲的聯合國難民營工作了好幾年時間。
他給我講的那些難民故事
幫助我了解到路得和拿俄米這兩個難民的經歷，
並在她們的生命旅途中
那些滿有勇氣、充滿盼望和堅強不屈的片段。

史偉生
(John A. Swanson)

目　錄

作者序

歸根結底，路得和拿俄米這兩個聖經人物只是兩個比喻，她們是世上所有女性學效的榜樣。而陪伴我們走過人生中每一個艱難時刻的，就是這些以路得和拿俄米為榜樣的女性。無論我們遇到的這些艱難時刻是極為重要的，還是無關緊要的，這些以路得和拿俄米為榜樣的女性都推動我們、督責我們，給予引導和支持。

我們可以回顧一下，有哪些女性長者曾經是我們的拿俄米，並使我們的生命因著她們而有所改變。我們每個人既帶點憂心，又帶著驕傲的心情，想念在我們生命中出現過的年輕路得。她們曾作好準備要踏步出去，雖然沒有聽我們的勸告，但結果她們所做的對她們和我們來說，都行出了比我們想象中更好的一步。

在人世間，有無數的路得和拿俄米推動著世界，使世界運轉。沒有她們的鼓勵，恐怕我們沒有一個可以過渡到獨立、成熟的階段。因為沒有她們，我們的成長是靜止的；我們在最惡劣的景況下，生命中不能避免的考驗都看似是戰勝不到的。但是，這些扮演著路得和拿俄米的女性都身體力行地證明給我們看，一些我們自以為不能戰勝的困難，其實是可以克服的。

這本小書也談到所有的人生階段。雖然我在寫書的過程中遇到重重障礙，但最終仍能順利付梓出版，我要感謝那些在我的生命中扮演過我的路得和拿俄米的女性。我深深感受到是她們使這書成為一本有生氣、有素質的書。我在此表達的謝意不足以完全表達她們對我這個人的意義有多重大，也不足以完全表達她們對這書內容的真正影響。

我感謝本書的編輯古雲慈(Sandra de Groot)。她以一位女性和專業人士的身分，與我一起完成在整個寫稿過程中的反思階段，她更成為我在主內的姊妹。

我感謝所有曾騰出寶貴時間來閱讀文稿的人，並把文稿內容對照他們個人之人生經驗：史多娜(Dorothy Stoner, 本篤會)、司蓮達(Mary Hembrow Snyder)、麥嘉菲(Anne McCarthy, 本篤會)、費恩妮(Gail Grossman Freyne)、駱娟(Linda Romey, 本篤會)、史緹芬斯(Kathleen Stephens)、成若荷(Mary Louise St. John, 本篤會)、邊新辰修士(Brother Tomas Bezanzon)、董冰(Maureen Tobin, 本篤會)、高蘭芝(Mary Lou Kownaci, 本篤會)、以及韋麗甜(Christine Vladimiroff, 本篤會)。他們都使本書的信息更加實在和有深度。

我要特別感謝那些與我一起審閱初稿直到最後階段的人。我們審稿的時候，都是逐字逐句地去審閱的，而且有時一審就是一整天。白迪琪(Marlene Bertke, 本篤會）、駱媚和范慧（Mary Lee Farrell, 聖心灰衣女修會）反復推敲每一個句子和每一個意思，為求達至最完美無瑕為止。

我無法止息對董冰的感謝，她是一個真拿俄米，給我寫稿的力量和寫書的構思，使我能繼續活著。

我將畢生感謝霍仕澤伉儷（Bill and Betsy Vorscheck）。他們是我相知多年的摯友，真誠坦率的良朋。他們一味的款待我，給我提供地方，又給我時間，讓我可以安坐下來，等待恰到好處的字詞出現，把意念用活潑的文字表達出來。

我感謝史偉生（John A. Swanson）多年來委身於《路得的故事》（*The Story of Ruth*）的繪畫創作，以豐富和具素質的藝術意念演繹這些故事，使其得以成書。更讓書中的反省有這些具素質的圖畫作依據。

最後，我要感謝在我生命中所有出現過的女性。她們有的是拿俄米，有的是路得。我衷心感謝你們，讓我能熬過許多個夜晚，迎接黎明的來臨。

卓滌娜

（Joan D. Chittister）

藝術家的話

我在一九九〇年春天開始研讀舊約聖經的路得記，並在書中找出最有動感的故事情節，準備把它們畫成圖畫。後來，我把最初所畫的素描和圖畫組成一系列的小插畫。在繪畫那些插畫期間，我決定把十二幅作品串聯起來，將它們分三行排列，每行均由四幅圖畫組成，使每一行作品的背景都有同一地平線。第一行圖畫的背景是一脈相連的山嶺，第二行的麥田也是連成一線的，至於第三行的作品，不單畫中景物是在同一地平線之上，而且畫的邊沿部分都是由拱門建築相接而成。相比只藉著一幅大型作品，我透過這些畫作能更完整地把「絲網印畫版」的《路得的故事》描述出來。我這種利用多幅圖畫來表達故事的方式，其實與古代及中世紀時期的藝術作品很有關係。因為我是從拜占庭式的藝術畫像，和在裝飾華美的中世紀手稿中所見到的圖飾取得靈感，然後創作出這些同樣是色彩豐富、構圖精細的圖畫。

同年夏末，我首先將水彩畫完成。作品展出的時候，有很多人受到感動。後來，我開始考慮把這些圖畫變為限量出版的手製絲網印畫，並且由我自己發行。我展開了一連串的電話和信件洽談工作，制定出版這輯

「絲網印畫版」的《路得的故事》的時間表。到一九九一年春天，我便開始與倫敦先進設計畫室(Advanced Graphics Studio)的印刷商合作。

我們在畫室編排好所有印刷技術的程序。最後，我決定將絲網印畫的尺寸擬定為27.5吋乘34.25吋(較原來的水彩畫的尺寸為大)。我編排好每種顏色的印製次序，並加上多層透明釉，使每一幅畫都有色調溫暖、顏色豐富、圖案美麗的效果。同時，因為用四十八色的印刷，我又畫好每幅畫的印刷模板，在畫的邊沿地方印上一層層富金屬質感的金色顏料，以加添美化效果，令構圖更加豐富。在每幅畫的頂端都有附加說明文字，文字是用鮮明的顏色印刷而成。雖然我花了幾個月時間印製《路得的故事》的絲網印畫，但出來的效果令我感到非常滿意。

現在，卓滌娜和我結合了我們作為作家和藝術家的創作力，把這個古老的聖經故事重新演繹出來，我為這次合作感到非常興奮。卓滌娜以一把先知的聲音，催迫我們去看這個使人傷感但又具震撼力的故事，讓我們明白到這個故事在今天仍然是與世上每一個人息息相關的。

這本書不單純是一本女性的書籍，我們每一個人也可以從作者在路得的故事所作出的反省而有所學習。我希望男士們會把它視為一個成長的契機，學習做個敏感和理性的人。當一個人陪伴別人走人生路的時候，那裏就會有人經歷得醫治，尤其是當這段路是充滿掙扎的時候。在路得和拿俄米的故事中，我們看到在失去和悲劇中露出希望的曙光。這本書能使我們每一個人變得更堅強。它給我們指引，使我們更曉得去理解和欣賞屬於我們自己的故事。然後，我們可以成為「同行者」，在人生旅程中與別人同行，陪伴其他女性、難民和貧苦的人。因為路得的故事就是全世界所有貧窮人、被忽視的人和難民的故事。這個故事使我能透徹了解全人類和我們先祖的痛苦掙扎、他們的生活，以及我們各人的家庭生活。對我來說，路得的故事開豁了我的心，使我能看見那種仍然能超越歷史和民族界限的包容和同情心。然而，我們在這個故事中所要學習的還有很多。

史偉生

(John A. Swanson)

前言——
路得和拿俄米：我們的故事

路得記記載的是一個女人一生的故事，是一個寫給女人的故事。這個故事寫於數千年以前，成書期大約在主前五百到一千年之間，不過，這要視乎我們是沿用哪一套語言學理論所得的線索而定。怎也好，它仍然是一個歷久彌新的故事。我們相信路得記的寫成是出於聖靈的默示，即使在今天，路得記仍叫我們每個時代的人作出反思，要成為一個完全的女人、一個屬靈的女人的意義是甚麼。路得記仍是現今活著的每一位女性的模範，是我們學習的榜樣，它讓我們知道成為一個屬神的女性、順著聖靈的感動而活、和成為神創造大能中的一部分的意義是甚麼。它帶我們從人生的一個時刻走到另一個時刻，將神在我們每個人身上的工作都指明給我們看。這都在提醒我們，神在某段時間放我們在某個地方都有他的旨意。路得記是每個女性的生命寫照，生命在某些時候凝固了，停下來給人作出反省。

從前，我看生命好像只是由一些按著先後次序、在此時此地、偶然發生在此人身上的事件所組成；但現在，我明白到生命的內容和意義實在是由一連串決定性的時刻結合而成，其中包括失去的時刻、有危機的時刻、改變的時刻、生命轉化的時刻、人際關係起變化的時刻和掙扎求存的時刻等等。這些時刻隨著時間的流逝刻劃在每一位女性的人生路上，並在一定程度上把她和她身邊的男性分割開來，她就是這樣在過程中被塑造。這些時刻在路得身上赤露開來，並沒有半點修飾，它們刺入剖開直到骨髓，而且它們所作出的挑戰是明顯的。我們面對這裏面每一個時刻的態度，都顯示出我們其實是誰、是甚麼人、是做甚麼的；神要我們成為誰和甚麼人；我們在屬靈上和社會上可以成為誰和甚麼人。

聖經稱這書卷為路得記，但我並不完全贊同。我認為這書卷的名字並不全面反映故事的真實內容，它至少應該稱為路得和拿俄米的故事，或者其實應該稱為拿俄米記，因為拿俄米是書中較年長、較有智慧的一位，她曾有一種生活經驗，並希望路得活出的生命要比自己所活出的好。年輕的路得視拿俄米為學習的榜樣、導師和朋友，並且跟從拿俄米的腳蹤而行，這是拿俄米所知道的。不過，路得要跟著她哪些足迹走呢？如果路得要成為合神心意的人，她該怎樣走呢？

這個故事很簡單：有兩個女人，一個年長，一個年輕，兩人都是無兒無女的弱質女子，在她們當日的社會中皆是被忽視的人物。她們的資源有限，並同樣面對著深深的痛苦和不友善的世界，惟一例外的是她們會互相關心彼此的情況。這個情況對今日很多女性而言並不陌生，但拿俄米和路得發覺自己處於一個被撇下、要獨自掙扎求存，但卻求助無門的困境中。拿俄米的丈夫已經死了，事隔十年，她的兩個兒子也相繼離世，拿俄米在摩押已成為一個孤苦無依的人。多年前，她們一家因逃避飢荒而離開家園，移居到摩押這個異鄉。拿俄米在摩押沒有真正的根，身邊也沒一個相識多年的好友陪伴她度過「失去」之痛，「失去」令孤單的生命要重新依靠自己。拿俄米此刻有的只是兩名摩押媳婦。

拿俄米的亡夫以利米勒曾帶著全家離開他們的出生地伯利恆，遷到摩押——一個視他們為異鄉人的地方，他們是當地社會遲來的新丁。他們要尋找的是在那個農產量愈來愈少的家鄉所保證不到的經濟保障。倘若你是家庭的經濟支柱，這次遷移或者是一個不錯的短期對策；但對在異鄉頓成寡婦的拿俄米來說，往後隨之而來的卻是一個長期性的災難。要是拿俄米在此刻離開她在異地的家，一個女人隻身踏上茫茫前路也是很危險的。但她若留下來的話，就注定會是一無所得。與其在一個不會給寡婦任何援助的地方作外人，她便決定在家中最後一個男人死後，返回自己的祖家伯利恆。因為，她在伯利恆至少還有一些舊相識，甚至是她們家族的一些遺民，而就算只是一些遠房親戚也算不錯。

這時，拿俄米的兒婦路得和俄珥巴與她一樣，都是一個單身女人，都是寡婦。她們同樣處於一個不依仗男人就會有危險的世界，這些危險包括在社交上、經濟上以及肉體上。路得和俄珥巴正面臨一個重大的決定：留在摩押地繼續做原來的自己；抑或去闖一個新世界，成為一位新女性。她們兩人的情況與拿俄米的情況所不同的是，她們都仍然年輕，可以索性照既有的生活模式再重新開始：再結婚，在她們熟悉的生活環境安定下來，生兒育女，繼續維持她們的社交生活，就好像她們的母親、她們的祖母和世世代代的先祖所做的一樣。或者她們也可以把握這個生命中的機遇，成為一個新人，隻身在原居地以外的地方過新的生活。她們可以視之為神給她們的獨一的旨意，可以竭盡全力去尋找神，而神是等待她們去成為她們將要成為的人。

有哪一個女性是沒有面對過這類問題：選擇走一條不是她當時身處的社會既定給她所走的路，到底是甚麼意思？有哪一個沒有結婚的女性，寡婦更不用說，會不曉得在這個際遇之中所表達的含意呢？單身女人的生活跟單身男人的生活是截然不同的。在一個由已婚人士組成的社會裏，一個單身女人即使能夠結識到單身朋友，頂多也只得三數個而已，但她往往會被人視為一種威脅。一個沒有工作的女人，或者一個找不到一份工作足以維持她現在並將來的生活的女人，她只能靠賴很少剩餘的資產來度過餘生，原因只是因為她是一個女人。因為每個寡婦、每個女人都知道，在任何地方，對於一個不是已婚的女人，在身體上或物質上都會有一些危險。

或許會有很多人說，俄珥巴的抉擇是比較明智的。她決定留在自己的祖家摩押，因為按理在那裏較之在異地會有較多的機會開始另一段婚姻。俄珥巴將會再婚，過著平常人的生活，這個抉擇既受人尊重也十分穩妥，因為她堅信她有機會重新過些好日子。

拿俄米的第二個媳婦路得卻決定要跟她一起離開，去一個永遠視她為外來人的地方，那裏的國民對摩押人存有偏見，對孤寡的摩押婦女的偏見尤甚。對一個年輕女子來說，這個環境很不安全。早期的以色列社會是不接受異族通婚的；而在以色列的文化中，女性的社會保障全在於她與男人的連繫。所以，女人沒有丈夫就是一個遺憾。然而，路得作了一個勇敢的抉擇。這個抉擇是充滿信心的：她相信神是昨日的神，也是今日的神；也相信若神取去她一件東西，會有另一些東西為她存留。縱使將會遇到重重困難，路得仍選擇以全新的方式在一個新地方重新開始。她決定要跟隨的一位神，就是藉米利暗、拉結、撒拉和利亞，也藉摩西、雅各和亞伯拉罕行事的神，藉他們拯救世人和帶領以色列的神。

所以，路得和拿俄米的故事是一個關於三個遺孀的故事，她們在一個依賴男性自主權和能力而不會顧及女性的自由和全面發展的社會裏獨立生活。這個故事所講述的是在這樣的一個景況中，人要怎樣才能發現神。這是她們三個人的決定性時刻。

事實上，在每個人的一生中，都有些所謂描述性的時刻，經過這些時刻以後，我們與從前相比就不大一樣了，這尤其是對女性而言，因為這些時刻往往是一些非常私人、十分個人的時刻。這三個女人在自己的掙扎過程中做了些甚麼？她們怎樣以女性的身分跨過當時社會的建制？她們需具備甚麼素質？在過程中，她們要作出甚麼決定？她們所做的這一切都足以成為我們每一個人的榜樣。不過，這對女性則別具意義，就算在今時今日也是一樣。

很多女性都很謙遜地過一生。我們長大，努力工作，照顧家庭，在人際關係中跌跌碰碰，忍受失去的痛苦，而且在整個過程中雖然經常要孤軍作戰，但仍滿足於克服種種錯綜複雜的境況：努力在世界的價值觀和個人的經驗、才幹和智慧的指示下所要作出的平衡。這無論是對男性抑或女性，都不是一件容易做到的事。但問題是，在女性的生命中有一個方面是作為一個女性所獨有的。女性有兩個生活圈子：一個是私人生活；一個是社交生活。但實質上，大體而言，女性只原屬其中一個生活圈子。我們在私人生活所知道的與在社交生活所知道的是有矛盾的。

現代的女性通常在兩個體系的邊緣活動，一個是社交上的，一個是私人的。我們兩腳分別踏在兩個世界之中，一個世界承諾當我們遵守我們在該文化的社會角色時，我們就有家庭和家庭生活；另一個要求我們要同時承擔起我們私人和社交生活，但它並不保證有甚麼可行的方法可以使人成功作出這樣的承擔。神所呼召的女性，無論她是受生活環境或個人天賦所影響，都活在這兩個世界中，她明白要跟從神的呼召的時候，她的「己」所要付出的代價。

因往往不能享受同等的薪酬待遇和退休福利，大多數女性比她們身邊的大多數男性得到較少的資源。女性被喻為人類的初級保育者，與男性相比，她們在較有限的專業機會下付出勞力。所以，她們必須應付在高度專業的世界中，所受到的個人與財政保障不足的限制。女性充滿智慧、心思和創作力，她們不管有多困難，都要掙扎去成為她們要成為的人，這幾乎可以說，在過程中的掙扎是她們的本能反應。但諷刺的是，如果女性除了因為經濟原因以外便沒有受其他原因所驅使的話，她們要兼顧家庭內外的事務，她們能肩負的責任遠超過一般人所能承擔的。她們照顧幼童、照料年長的親屬、維持鬧哄哄的家庭生活、為賺取一定水平的家庭收入而每天工作八小時、打理大部分家務，而且一直以追求發展自己的潛質和實現夢想來竭力使自己成為完全的人。她們一直在尋找一些可以給予她們指引的屬靈榜樣。

不過，是太經常也是太多次，從前生命是活在盼望和機遇、勞苦與重擔的危橋上，現在，生命開始搖搖欲墜和滑跌。好像婚姻破裂、丈夫離開、失去工作、事業幻滅、金錢耗盡但生活費用未見減少等等。當女性面對以上提及零碎的生命考驗時，在人類歷史上可以給她們學習的榜樣少之又少。正因為這樣，路得和拿俄米的故事就顯得十分重要。在路得記，神的話是站在一個反社會傳統的女性的那邊，在今日的世界是這樣，在當日的世界也是這樣。在路得記，神呼召我們衝破舊框框和社會障礙，去得著豐盛、完全的生命。顯然，這就是我們每個人要走的屬靈旅程。

拿俄米和路得的經歷給我們每個人都有一些勸勉，甚至現在當我們面對失去、改變、危機、以及在我們的生命中那些不熟悉的事情，以至神在女性身上有甚麼旨意這個沒完沒了的爭論上，都有所勸勉。路得記是一篇有關女性成年期 (womanhood) 靈性生活的論文，史偉生把其中的片段畫出來，你和我則把它們活出來。但怎樣把它們活出來呢？這對我們充滿盼望的心、灼熱的靈、我們的心智和我們的人生有甚麼影響呢？

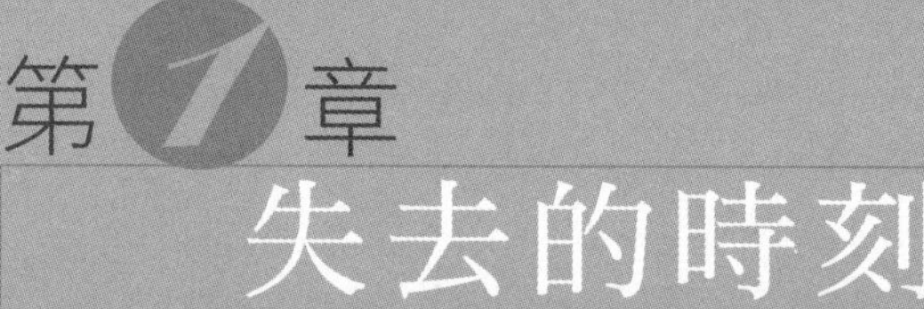

第1章 失去的時刻

LOSS

路得記一1

當士師秉政的時候，國中遭遇飢荒。在猶大伯利恆，有一個人帶著妻子和兩個兒子往摩押地去寄居……拿俄米的丈夫以利米勒死了，剩下婦人和他兩個兒子。這兩個兒子娶了摩押女子為妻……後來兩個兒子也死了。

NAOMI AND HER TWO DAUGHTERS-IN-L
N-LAW, ORPAH AND RUTH HA
S, THEY LEAVE THE LAND OF MO

NAOMI AND HER TWO DAUGHTERS-IN-LAW, ORPAH AND RUT
LOST AND BURIED THEIR HUSBANDS, THEY LEAVE THE LAND O

路得記以一個悲劇開始：有三個女人的丈夫死了，失去生活依靠。這是生命中的一個關口，也是一個時刻要把這幾個女人，或者還有我們，帶進神的新時空。

重大的「失去」時刻會使女人再度靠自己的本錢過活。一個沒有外在資源來討價還價的女人：譬如沒有金錢、朋友、教育背景等，那就要視乎她裏面是個怎樣的人，而從中去衡量她。她惟一擁有的真正資產是她對神的信心，就是相信神在她生命中有最終計劃的信心。拿俄米、路得和俄珥巴三人正要應付失去的時刻。她們跟世上很多女性一樣，甚至跟今日的女性也是一樣，她們的生命與男性的際遇息息相關，男性的工作和地位塑造著她們的世界。她們不僅失去生命中的男人，她們的社會地位和經濟保障也都隨著失去生命中的男人而失去。她們將會怎樣，就完全取決於她們自己，並她們那相信自己受造乃是完全的信心。「失去」是一個蘊含著深刻屬靈啟示的時刻。

拿俄米是一個沒有資產的老婦人，而路得和俄珥巴也是兩個只得很少選擇的年輕女子。如果她們兩個走運，她們或者也可以嘗試去找個男人來養活自己；即或不然，她們可以繼續寡婦的生活，完全依靠社會大眾吝嗇的恩惠過活。拿俄米、路得和俄珥巴已變得孤苦無依，她們只有三個人相依為命，還有上帝。

正如所有經歷過突然失去了任何決定性的東西的人一樣，這幾個女人發現自己要面對的問題是：當我不再是從前的我、不再幹從前所做的工作的時候，我會是誰？好像我們所有人所過的日子一樣，生命對我們來說，基本上不過是日復一日拼拼湊湊地過日子。她們看不到有神蹟能拯救她們，也沒有天使在路上給她們指點迷津，甚麼也沒有。她們從前所擁有的，一切她們希望擁有的都失去了。沒有一個錨把她們固定下來，也沒有一個保護網把她們撈起，她們現在只能靠自己。惟有神的靈能帶領她們繼續前行，在這個僅得一點空間給她們容身的世界走下去。

在每處地方的女性都明白，也嚐過由無助所帶來的那些被拋棄和被忽視的滋味，她們知道以旁觀者的角度去看當局者是怎樣的一回事。她們明白處身在一個為男性而設的世界裏，只因自己是一個女人才會有的那種無權無勢的感覺。在這樣的一個時代，神在女性身上到底有甚麼旨意呢？這個世界給女性的東西似乎少之又少，甚至根本沒有想過留甚麼給她們。這樣，女性在生兒育女的階段結束的時候，或者當沒有男人繼續供養她們、沒有一個社會確認她們的身分、或她們未有因任何人或任何事的需要而使她們的存在有價值的時候，神到底為她們預備了甚麼呢？在路得記，神卻是站在一個在世上無依無靠的女人那邊，神宣稱她是完全的，是個有能力決定自己方向的人。

「極大的不幸」與「重大的失去」兩者是有分別的。不幸是指人穿越佈滿機會的森林時，暫時繞道而過，這是一個「總會有出路」的例子。「如果我考不進醫學院，那麼我就當一名律師。」「如果我不能擁有自己的農莊，我就去農場打工。」我父親去世的時候還很年青，母親才二十一歲。她沒有任何出路，亦未曾受過任何專業訓練，使她可以賴之以維生。在當時的男人圈子裏，母親根本沒有一個立足之地，因為做僱主的、經營各行各業的、以至支配著城裏信貸活動的人全都是男人。況且，當時也沒有機構會投資在女性身上。三十年後，她的第二任丈夫，即我的繼父過世的時候，這個情況仍沒有多大改變，她的選擇依然少得很，她依然生活在男性主導的社會中。我母親在丈夫死後，依然只能靠著她丈夫以前的工作所留下來的資產過活。在今日，美國有超過半數的國民生產力來自女性，但其中有超過八成的人是受僱於工資低又沒有福利的服務性行業。根據現有的研究顯示，假如女性所得的薪酬待遇與男性的一樣，美國的全國貧困比率將大幅度減低一半。[1]對這羣女性而言，失去生命中的男人仍會使她們陷於一無所有的邊緣。

顯然，就算在今日的社會，無依無靠、要自力更生的女性並沒有極大的「不幸」；但她們會遇到令生命轉變的種種「失去」(losses)。這樣看來，似乎是神引導她們走進這些漆黑的路的，這些路並沒有一個可以讓她們有尊嚴地離開的出口，她們要在世上得到救助的希望也很渺茫。但是，神在路得記的信息卻是清晰可見的，祂要為每一個女性所預備的是更多。

人無論遇到哪一種的「失去」，諸如被拒絕、被拋棄、與配偶離異、有至親去世等，都立時帶來驚愕、麻木、灰暗的感覺。而至少，「失去」會使人的心變得冰冷、思想緩慢。「失去」把人的生命徹底地改變，而且是沒有逆轉的餘地。從前一度是我們生命中心的某個人、某個位置、某個計劃、某種生活方式，現在可以完全消失。那些塑造我們的身分、給我們的日子添上色彩、豐富我們的睡夢、給我們意義和方向、安慰和支持的東西，已好像日落於無雲的夜空一樣全然消散。時間隨著「失去」而停止，思想在半空中停頓不前，生命已是今非昔比。我們多年來所認識的、一直以來幾乎不自覺地認為是美好的，最少是我們所熟悉的、肯定和確信的，現在都一一消逝了，連一聲警告也沒有就被奪去了，在未經我們批准之下就消失了，都被撤回去了，連一點東西也沒有留下來。

我們中間甚至最老練的人也會被「失去」所動搖，我們以為我們所熟悉的事不會有終止的時候，就好像一座轉動著的旋轉木馬一樣會不停地轉，但「失去」卻把我們從旋轉木馬上摔下來，而且是沒有原因可以解釋的。我們幾乎得不到任何警告或補償，就發覺自己要去適應這個事實，就是昨天的快樂已經終結，並已織造成一片影綽荒涼的將來。

習慣隨著每個死亡而死去，生活的舒適隨著熟悉的退去和失去而溶解。那些我們從前認為是理所當然的事，那些使到我們的存在成為嚴肅的、是毋庸置疑的東西，如今已開始搖動、歪斜和變得脆弱。虛空成了我們的新友伴，而神就是一個傳説多於一個實體。在「失去」的時刻，甚至連我們在心靈裏的那份肯定也可能變得軟弱了些；當我們的世界開始動搖，使我們茫茫然失去方向的時候，神在哪裏呢？

當人失去生命的主要支柱，便會對自己的餘生產生懷疑。我們會問：失去這份工作、這份支持、這件東西、這個人的時候，生命的結局會怎樣呢？過去既沒有了，將來又有何目的呢？明天既定，不用計劃今天嗎？希望已成塵土，前途已化成薄霧？我們還能為甚麼而活呢？無論是甚麼原因也好，我們也必須活下去嗎？神在「失去」中給我們的旨意在哪裏呢？

然而，當我們能認定和接受「失去」的時候，它就是一件瑰寶。不錯，我已經不可能是從前的我，但是我可以是新的我，也一定要活出一個新的我。我在虛空之中，發現神更多的活在我裏面，比起我誤以為自己居於豐富時所知道的更多。

在「失去」中所學到的屬靈功課是很難從其他途徑學到的，而且往往也不是取決於我們自己。因為只有當我們承認自己是一無所有的時候，我們才會去學習；只有在我們感到在世上沒有一件好東西剩下給我們的時候，我們才會醒悟我們仍然擁有自己。我們擁有的是那些深藏在我們裏面、無人能奪去的東西，並且它們是永遠不會隨著時間或機會而失去的。我們擁有的這個「己」把我們帶到這一個時刻，還有更多更多的時刻。我們有神所賜豐豐富富的恩典，縱使它們是我們不曾發覺的、不曾觸摸到的，但是只要我們仍然還有一口氣，它們仍等待著我們去發掘出來。還有，一直以來在我們裏面於逆境中發展出來的那份勇氣、盼望、安靜，和對神那份無限、活躍、不能抑制的相信，就是相信神是有供應的神。在這一刻，它們就好像黃金一樣等待我們去發掘、把它們刮出來，將其熔化、塑造成形，好使我們的生命成為一個完完全全、閃耀璀璨的新生命。在我們裏面有可以隨意取用、締造生命的原料。

有時只有「失去」才能把那個「己」所積攢著的財富釋放出來。有時只有「失去」方能叫我們的精神集中起來，使我們到達最佳狀態。有很多時候，也只有「失去」迫使我們去抓住我們最有意義的資源，就是我們自己。失去昨天那份安全感，才能迫使我們靠自己，然後在我們裏面尋找那份堅毅的精神，熬過無法忍受的事情，並相信賜我們生命的主會隨時隨在托住我們，縱使我們是在「失去」之中，甚至當我們感到好像是在死亡邊緣的時候也都如是。

我們明白到「失去」乃是一個邀請，它邀請我們去開展另一個生命，以延續我們的生命，使我們裏面屬神的生命得以豐豐滿滿地成長。事實上，不管我們是否願意重新開始，「失去」仍會推使我們去開始另一個生命。只有當我們容讓自己陷入「失去」的流沙中，使我們動彈不得，不能正常運作時，我們便會失去神所賜的這份「失去」的瑰寶。

諷刺的是，「失去」乃是新生的催化劑，是通向人心靈其他部分的門廊，它使我們那些處於休眠狀態的地方甦醒過來，因為它們必須甦醒。人如果沒有探求未被開採之寶藏的能力，他的生命就會死去。更諷刺的是，在說完了一大堆，事情也好像處理好了以後，我們發現「失去」真正留給我們的竟然是一個開始。

其實，我們把生命中失去了的一個階段看成為一個完結，只因它充其量也不過是要迫使我們集中力量，改變我們的人生方向而已。生命並不是一條單程路，它有很多可行的路，只不過因為人喜歡抄近路和挑簡單的路走，才會令很多路沒有被探索。但是，當「失去」臨到，我們滿有創造力的主會以一種新方式，帶著期望地臨近我們，使我們可以完成早已在我們裏面展開的受造生命。

當然，「失去」絕不是一條容易走的路。「失去」所賜予的恩惠有兩方面，一方面是悲傷，一方面是對過去作出重估。這兩方面都是「失去」工程的重點工作。除非我們容讓自己為「失去」而悲傷，承認「失去」對我們的生命和我們的心靈所產生的影響，否則我們便不能在將來作出正確的決定。反之，我們只會花上一生，努力彌補一些已經失去卻沒有替代品的東西上。

另一方面，除非我們開始重估過去，否則我們便不能知道在我們成為我們失去的東西之前，我們這個人究竟是誰，我們永不會知道我們究竟要帶著多少東西去度過餘生，我們也永不會知道在我們裏面神創造能力有多大，就是那股久已被遺忘的力量。

悲傷本身使人喪失活動能力，這説得不錯，但是，過早去草草進行重估會中止人對將來作好準備的過程。惟有悲傷才可以把我們從悲傷中釋放。直到我們成功面對已失去了舊有生命的事實時，我們才會邁向新生。但這是需要時間的。我們需要時間去處理因「失去」而產生的憤怒，即使別人給予再多的假意安慰或惱人的解決辦法(有些人天賦口齒伶俐)，也不能使這怒氣消除。我們需要時間去接受「失去」所帶來的驚愕；需要時間去重新展望將來；需要時間去視我們自己已經與我們所失去的一刀兩斷。我們需要時間去明白，縱使我們已經不再在那個位置，但能曾經到過那裏仍是一個福氣。我們也需要時間去把某些寶貴東西的結束，視之為另一件好東西的開始，需要時間去觀看神在重重黑暗中工作的手。

只有當我們為「失去」所帶來的祝福而歡呼之後，我們才真正稱得上是作好了準備，與生命繼續前行，由從前的位置起行，放開懷抱，到我們可以到達的地方。不然，任何方法都不過是叫人苟延殘喘，在世上繼續消磨的日子都不會有喜樂和指望。

悲傷在生命中也有其用處，它在記憶中把過去呈獻為聖。我們不會為之悲傷的東西，也必然不會是值得我們再去開始悲傷的東西。悲傷給我們有多大的傷痛，我們所得到的愛也有多大。

但是悲傷所成就的不只是記念昔日我們為之悲傷的事這麼簡單。它結束過去以釋放我們到將來。悲傷給我們機會去發問，問一些在我們經歷「失去」的震驚之前，從未曾想過會發問的合理問題。我們現在可以問自己：

在「失去」之前，我們所做過的事有甚麼喻意？我們可以問自己，我們是怎樣的人，為甚麼在選擇了做一件事情之後，就不可以再作其他選擇。我們可以問，如果神要在我們身上成全祂的旨意，那麼在我們裏面還有甚麼東西是未完成，而應該懇求上帝幫我們去完成的呢？

我們必須找出我們缺少了些甚麼，並且去追求它。我們必須重新評估一下，我們現在是誰和作為甚麼人的重要元素是甚麼。我們必須謹記我們當日是如何評價自己的，以後就不用理會任何事或任何人如何看我們。我們必須問自己，我們在失去這些東西之後，裏面還餘下些甚麼；我們在失去這些東西以後，我們會變成怎樣。

拿俄米用盡方法在「失去」之時做了我們每個人都應該做的事情：尋找出路。按路得記的記載，拿俄米返回伯利恆，她其實不是要在一個已不再在那裏的家族找避難所，乃是要成為她要成為的人。她在一個她於多年前離開了的文化重心中，成為一個希伯來人、一個猶大人和一個獨立的女人。拿俄米返回伯利恆，她要成為在以利米勒妻子、瑪倫和基連的母親以外的人，正如希伯來文寡婦（*almana*）一詞所表達的，她是某人的生命所「剩下來的一片」、[2] 一個連繫於他人的生命之生命。她返回去是要再次成為她自己。

對世上很多女性來說，事實上對今日的女性也是一樣，「失去」以一個很特別的特質出現。世界各地的女性對她們周遭環境掌握很有限，她們都受著社會傳統習慣所支配，在經濟上或政治上，她們普遍得到較少的資源。她們要肩負在嚴格定義下的角色。她們的選擇相對地少，因為財富少通常只能有相對較少的選擇。我們在拿俄米身上清楚看見，如果在我們一生中，創造萬物的主要在我們的生命裏不斷進行創造的工夫，那麼，「失去」的作用就是，當我們裏面看似沒有甚麼可以發展的東西的時候，它把我們帶到完成我們「自己」的階段。沒有一個人只擔演一個角色，我們每個人都有很多可能性的開始，而所有這些開始都是要讓我們竭力邁向完全的實現。「失去」的痛苦讓我們明白，我們對自己的完全一般都不甚了解，直等到我們餘下的生命在過去的灰土中暴露出來方才明白得到。當「失去」還是要發生的時候，而其實它的發生也是必然的，我們才有機會去決定接受或拒絕自己裏面其餘的受造部分。

失去的真諦乃是一個釋放，它是我們所鍾愛的東西的墳墓：我們所愛的人、所走的路、所處之地。它要喚起「己」的復活。從此以後，過去已經作了它的工。從此以後，神的話便成為我們的新生命，而生命佈滿一連串的機會，如果我們能認真把握它們，我們會因此而得以完全。從此以後，我們與拿俄米一同踏上另一條路，我們並不是因為知道在路的盡頭會有甚麼結局，而是因為知道如果我們不踏出去，我們便不能成為完全的人。對此我們不必疑惑，我們要像拿俄米一樣繼續度過餘生，我們一定要將以利米勒埋葬。

註釋

1. Eric Johnson, United Press International, "Issues of Modern Living," February 24, 1999, available on the Internet at living-today@send.memail.com.
2. Cynthia Ozick, "Ruth," in *Congregation: Contemporary Writers Read the Jewish Bible*, ed. David Rosenberg (San Diego: Harcourt, Brace, Jovanovich, 1987), p. 358.

第2章 改變的時刻

CHANGE

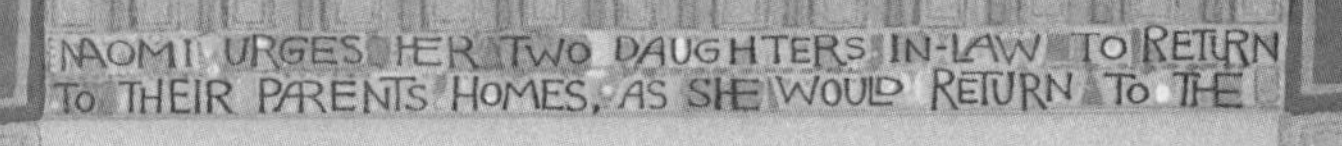

路得記一 6~7

……在摩押地，拿俄米聽見耶和華眷顧自己的百姓，賜糧食與他們。於是他和兩個兒婦起行離開所住的地方，要回猶大地去。

NAOMI URGES HER TWO
TO THEIR PARENTS HOMES

拿俄米、路得和俄珥巴面對著「失去」所帶來的後果之後，又要面對她們生命中重大的「改變」。她們可以用盡辦法去減少「改變」的影響，或者否定「改變」的事實，或者置之不理。不然，她們便能夠看見「改變」的真相乃是一個神叫人成長的邀請。

我們要明白，「改變」和「失去」是兩碼子的事。「失去」是把生命中某些東西取去；「改變」是給生命加添一些東西。「失去」是一個黑洞；「改變」是一條岔路。「失去」不是一個選擇，它是生命中的必需品，是無可避免的一部分。反之，「改變」只是一個機會，你既可以拒絕它，亦可以擁抱它。你可視之為試探，也可視之為恩典。你不一定要勉勉強強地接收它，但可以選擇接受它。

改變的時刻會以一種特別的方式使一個女性任憑環境處置，除非她接受「改變」，願意考慮它，視它為只不過是揭露「己」的另一步。因為這樣，她就能開放自己，讓神在她的心靈裏動工，更何況像神這樣的工作更是超乎她所想像的。我們若對掌管「改變」的神沒有信心，就注定會變得迂腐和偏執，我們會成為在三度空間的立體世界裏只有一個向度的人。我們信是相信，但只相信神存在於我們容許祂存在的空間裏，卻不相信祂乃是無所不在的神。但是生命、神和靈命成長是很複雜的。

生命是一件有鑲嵌圖案的巧手藝術品，我們的年日是由無數細小的部分連結起來的，只消移動其中一塊，便會使原來的圖案變得面目全非。改變任何一塊的顏色、尺寸或位置也會令整個構圖改變。無論在何處加上極小的一片，也足以令整件作品產生變化，即或作出的改變是如何細微。本來作品的組件是以某種形式拼合起來的，但現在已見不到章法。這些改變使某些東西褻瀆了作品原來的完整性，有某些東西失去了平衡，又有某些新的東西需要我們去處理。無論在新加上的鑲嵌片周圍的地方會是如何精細美麗，或者那新加上去的一塊是如何精美，「改變」已令整件作品顯得不對勁，使作品產生了遺漏的地方，有欠缺之處。

在路得記，有一件事將整幅圖畫改變，它就是死亡。對拿俄米而言，那一塊把她帶去摩押，將她留在那裏，好像要把她永遠栽在那裏的鑲嵌片就是她的丈夫和兒子，但是，現在他們都不在了。不管她願意不願意，生命是變化不定的。拿俄米現在已朝著另一個地方進發。她仍然是當日去摩押的那個人，但她同時又不是那個人，當日那個去摩押的女人現在決定要離開，這並非因為她那樣計劃，乃是因為她在一個沒有支援給外邦寡婦的社會，而這是她惟一的選擇。那段在外邦之旅把她由一個飄泊的妻子改造成為一個飄泊的寡婦，不但如此，一些既粗糙又細微的改變出現了。她確實仍然是「拿俄米」，但她確實又不是她。她不是昔日那個去摩押的「拿俄米」，她是一個仍在改變過程中的「拿俄米」。

伊斯蘭教的蘇非派(Sufi)說：「出於自願的改變並非真正的改變，只有不甘願的改變才是真正的改變。」[1] 只有不甘願的改變才會迅速地把我們送去做一些我們從來沒有計劃做的事，只有不甘願的改變才真正是與靈的陶造扯上關係。換句話說，真正擴展我們的己以超越這個己，這對我們有又深切又重要的關係。出於自願的改變是我作主動去尋求的，是我自己造成的；不甘願的改變是來尋找並改造我的。

「改變」誠然是每個人的生命都有的一部分。但是那些只屬於生活常規的改變，像只因有那份奢侈足以活到老以至能欣賞四季的變化，或在人生不同的階段所出現的改變，諸如畢業、結婚、生孩子、買房子等，都不過是一些尋常之事。它們不算得是人在探究和發掘人生的時候所產生的改變。

真正的「改變」是與別不同的，它是從生命中斷斷續續地發生的事情而來的。舉一個例子，工作本來是叫每一天的出現有一個比工作本身還要大的目的，但是因為公司規模縮小工作也就沒有了。又例如，我們的兒女突然要遠走他方，開始過獨立的生活，結果，我們展開了另一種生活方式，我們開始生病，把住了三十年的房子出售，換一間小的、價錢便宜的、花費低廉的公寓。又例如，一份自己很有把握得到的理想工作結果由別人出任，我只能適應或者另謀高就。又例如，對我們的成長有最重要影響力的親屬開始一一離世：一個住在附近的叔伯、一個住得老遠的表親、一個姊妹、以至情人相繼離去。真正的「改變」並不是我們所能控制的。

儘管「改變」的過程或許很平常，卻是很痛苦的。我十歲時，我們舉家要搬去另一個城市，但事前卻沒有接到任何通知。年少的我感到有若地動天移，我的朋友遠去了，我知道我的將來也完蛋了，我也不敢肯定自己會有怎樣的明天。我不用為一連串特定的時刻而繼續等待，也沒甚麼可以回憶，因為在人羣中我再也不會遇見熟悉的面孔。我們的世界走歪了，我們再也不會如我心所想的，一樣會是一家人。儘管似乎在長遠來看，不甘願的改變有著如何美好的前景，它實際上是有代價的。

不過，在屬靈層面上，生命停頓之處上有個進化的分枝，叫我們成長。這個進化的分枝使我們以全新的姿態向著神敞開。我們裏面不斷被陶造，我們擁有新的眼界，成為新造的人。我們得以做一些以前未曾做過的事，看一些我們未曾看過的東西。我們有了新的思維，新的夢想。所有陳年障礙物，所有舊規條通通被清除了。假如我們不依戀過去，便可以開始做一些在某些環境下我們從不會做的事，因為那些環境已不能把我們關在過去裏面。我們乃是啟步從一個生命走向另一個生命，由一個己邁向另一個己，從一種屬世的生命跨向另一種生命。我們再茂盛起來了。

然而，不是人人的生命都會再茂盛起來的。固然，有些人在「改變」的關頭能好好管理他們的環境，探求釋放在自己裏面藏著已久而未被釋放出來的能力，激勵自己步入新境地。反之，有些人仍躲在過去的角落裏，不去與外邊的世界接觸，而且還會使自己適應這種生活方式，然後，就如此這般地把日子一日一日消磨盡掉。「改變」實在是一個決定，它要我們跟過去劃清界線。

「改變」不是一個進程。人們在改變的時刻所做的事往往成為他們奮鬥精神的記號。然而，與「改變」談判並非容易的事。面對一個沒有經過煉化又沒有經驗的生命，甚麼可能的事都會在人的心靈裏發生。事實上，有些人要面對「改變」所提出的要求，要求他們作出最壞的「改變」。他們開始倚賴藥物，有些人開始飲食失調，也有些人患上輕度抑鬱，而且病情日趨嚴重，結果一病不起。對他們來說，要過不一樣的生活始終是可望而不可求。但是，其他那些像拿俄米的人卻清楚知道，在他們的心靈裏，他們惟一要作出的回應是以生命去回應生命之神，縱使回應的過程是多麼的痛苦。他們知道在每一個新地方所過的每個新的一天都是瞥見神臉面的一個新體驗。縱使他們身陷一個大漩渦之中，他們恍然明白到，那孕育自己的神乃是永不改變之神。

我們以為自己一生無風無浪，然後有一天發現自己原來是顛沛流離。我們都會遇到「改變」，我們都是拿俄米，像她一樣走出死亡之墓；我們都是俄珥巴，像她一樣步向安全；我們都是路得，像她一樣邁向陌生的明天。

所以，人要面對最大的屬靈難題是：當「改變」蒞臨之際，我們需要勇氣去面對，但我們卻躲在我們心靈裏的一個小壁櫥裏顫抖。要是這樣，毫無疑問，生命的改變就是生命的終結。這個問題最終的答案會是，少看重表面的危機，多看重要明白「改變」的實現就是有素質的成長。真正的危機不是為危機本身而行動的。約翰．紐曼（John Henry Newman）寫得好：「生活就是改變，要作完全人就要不停地作出改變。」[2]真正的危機是一場賭博，起先是為未完全的己作賭注，然後是為神給我們起步的某些東西作賭注，而現在是要求我們把整個人作賭注。事實上，中斷了的過去多半是會支配著未明朗的將來。這就成為一個機會，使我們做向來是但又從未曾成為的自己。

在生命中的改變時刻就是我們進入自己裏面發現我們其實不是一個人，而是有很多個我。我們是由很多個別的我組成，而每一個我都在等待成長。我們每個人都是一個組合，由經驗和能力、機會和希望、回憶和驚嘆、恩賜和期望所組成。每一個人生階段都是要喚醒在每一個不同層面的「己」。每一個人生階段都是另一個恩典，教導我們認識一些關於自己的新東西，向我們作出更嚴格的要求，並且使我們有能力更深認識神。我們在某個階段倚重自己的個性行事；在另一個階段信賴自己的技能；又在另一個階段倚靠對冒險的熱愛；在其他的階段依賴我們的想像力；又在另一些階段憑著信心。我們要像拿俄米一樣，正如在每個階段所表達出來的，要進入我們的心中尋找未被釋放的自己，這個己的生命會如何乃取決於我們現在所作出的選擇和改變。

當然，「改變」或者會把我們嚇怕，但它也必會把我們從我們的老我釋放出來，使我們精神煥發地開展新生。「改變」把我們的機會踩下，使我們衝向新的開始。正如在拿俄米和她的兒媳身上所作的「改變」一樣，「改變」指引我們去到反思的路上去，在那裏與自己面對面，與我們的根、我們的希望、我們生命中尚未有答案的問題、以及與我們所處身的神祕、無可改變的環境面對面。然後，我們心中就有了明確的目標，定了意向非此路不走。當我們流浪人生路，我們那像鑲嵌圖案的生命會再次作出移動，也會提起精神去把握機會成長起來，因為我們多年以來都沒有好好把握。生命也會向準神成長，祂是那位招呼我們、陪伴我們走人生路的神。

註釋

1. Anthony de Mello, *One Minute Wisdom* (Anand, India: Gujarat Sahitya Prakash, 1985), p. 57.
2. John Henry Newman, as cited in *The Book of Success*, ed. Richard Shea (Nashville: Rutledge Hill Press, 1993).

第3章
轉化的時刻
TRANSFORMATION

路得記一 8~9、 14~17

拿俄米對兩個兒婦說：「你們各人回娘家去罷。願耶和華恩待你們，像你們恩待已死的人與我一樣！。願耶和華使你們各在新夫家中得平安！」於是拿俄米與他們親嘴。他們就放聲而哭……

俄珥巴與婆婆親嘴而別，只是路得捨不得拿俄米。

拿俄米說：「看哪，你嫂子已經回他本國和他所拜的神那裏去了，你也跟著你嫂子回去罷！」

路得說：「不要催我回去不跟隨你。你往那裏去，我也往那裏去；你在那裏住宿，我也在那裏住宿；你的國就是我的國，你的神就是我的神。你在那裏死，我也在那裏死，也葬在那裏。除非死能使你我相離！不然，願耶和華重重的降罰與我。」

當我們裏面有東西移動的時候，「轉化」的時刻就會出現；不管我們是否真的願意，我們發現自己已不是從前的那個自己。我們跟拿俄米和路得一樣，發現不單生命改變了，連我們自己也改變了，我們就確實知道神正在我們的心靈裏動工。

人要有很多的人生閱歷才能發現生命不是靜止不動的。我們對待生命時所有的通病是，我們常常太輕易相信人生必然是一條長長直路，從出生一直通向死亡。這個世界教導我們，使我們以為只要「穩定」下來，好像結了婚、或者完成大學、得到一份所謂正當的工作，那麼，明天也只不過是把我們所做的比昨天所做的做得更多、更好和長久，並且是重複地去做而已。依照這個劇情的發展，人生的目標就是要儘早決定自己想做的是甚麼，然後做足一輩子。

但是，當我們經過連場愜意的昨天後，我們驚覺自己已經不是從前的那個自己，我們甚或會為此感到震驚。我們忽然發現，或驀地發現，昨天已不是我們的意義、我們最高的滿足感，也不是我們「己」的標準，昨天已經對我們再沒有吸引力。我們終於領悟，我們以前以至現在所做的事都已不合用。這些事沒有挑戰感，沒有滿足感，它對生命也起不到明光導引的作用，難以吸引我們繼續向前。我們在昨天所相信關乎生命、關乎我們自己和外邊世界的事，到今天我們一概不相信。我們啟步走人生路的時候，一心以為自己會成為某某人，但這個人卻又變成另一個人。但驟然間，表面上看不到有甚麼原因，這曾幾何時是一片光明的人生路已轉眼成空。

這是平常人都有的意識，無論在哪裏的人都會有這個同感。從前，我覺得一些形式上的行為態度是蠻有道理的，如中世紀的長袍和頭紗、像小孩子般的順服、消極地遵守社會習俗的遺傳等等，在我看來，這些都是信仰委身生活的重要部分，但我在經歷了差不多二十年的信仰生活之後，我逐漸開始發現這些東西對生命已沒有甚麼實質好處，對生活也沒甚意思，它們並不能使我更多認識神。我突然發現自己站在過去被粉碎了的瓦礫之中，迷失了，並沒有一個清晰可見的目的地。我當時只可以肯定的是，我們這些虔誠愛主的女人要脫離這光景的話，就得立即從這裏開始讓神的生命在我們裏面重生。

這些模糊的感覺叫人一點也不舒服。我們在那些時刻感覺好像發現有人背信棄言一樣，但它卻是蠻有生命的味道。

「轉化」並非偶發事件，它是一個靈命的進程。我們忽然發現，做一些習以為常的事，像重複做同樣的事，常常呆在某個地方，做個唯唯諾諾、盡忠職守的人等等，已不能幫助我們解決今日所面對的問題。我們已不是那個起初開步走這人生路的人，現在的我已不再是從前的我。我們不想繼續做一個別人認為我們應該怎樣就怎樣的人。我們的心靈被拉扯到達瀕臨崩潰的地步，而我們的家庭變成了陌生的地方。雖然我們連自己轉化了都不自知，但不知怎的，轉化仍使我們驚覺不已。我們的丈夫說：「你不是當初與我結婚的那個女人。」我們的好友說：「你很傻。」我們的家人說：「你不可以正經一點嗎？」傳統主義者說：「你哪裏像修女。」然而，這是一個神聖嚴肅的時刻，是過逾越節的日子。因為在我們裏面，有些東西正走向死亡，又有些東西正邁進新生。

當然，問題是怎樣去處理這一籃子的新難題，怎樣去處理過往那些不如意事，以及那些突如其來的疑難。我們應該如何抉擇呢？要把它們一口吞下去，落到我們自己的深處，然後使它們像蒸氣般從開水壺裏逐少逐少地釋放出來嗎？還是冒著危險，傻乎乎地跟著這些問題一直走到盡頭，擁抱它們，去它們帶我們去的地方，並期望指示我們走這條路的神會在盡頭那邊？這是一個兩難的抉擇，一邊是以安全為上，一邊是難免會遇到險阻。然而，我們若不好好處理這任何一方，我們的靈命都不能幸免於難。因為，如果我呆在原處的話，我過往一切所學習的將會前功盡廢，我必早死無疑。但如果我選擇離開的話，並視我所面對的新難題形同虛設，那麼，我被召得新生命的指望也不過是謊話，我死也不光彩。這實在是個在靈程上叫人進退兩難的十字路口。然而，神站在路口的隱密處，等待著我成為我尚未成全的我。

守寡的拿俄米已經年紀老邁，她的媳婦路得和俄珥巴發現自己站在人生的一個十字路口上，這並非因為她們自己這樣選擇，而且她們也還沒有作好準備。但她們必須作出抉擇，其一是讓拿俄米繼續獨自回到伯利恆，而她們就返回自己的出生地；其二是放棄自己的同胞與拿俄米一起走，並在外邦中做一個外邦人。無論她們的抉擇是甚麼，結果都會是一個扭轉生命的抉擇。

俄珥巴選擇返回摩押，繼續做向來的自己，回去她土生土長的地方。她作的這個決定是值得的。畢竟，她是為那地而培養出來的人，她知道那裏有甚麼規則要遵守，她曾遵守過這些規則，也能夠再去遵守，因為她是那裏的人。

俄珥巴的抉擇或許不算激奮，但容易理解。她在摩押將會是個有身分的人，儘管那身分是很有限。她也會有保障，如果她遵照那裏的要求去做，再結婚，做個摩押良民，隨那裏的社會制度生活，她就會得到她有權利得到的東西，包括保護、尊榮和支持，因為沒有那份支持，她的生命就會有危險。不但如此，她會得到作為一個「好女人」、「好女兒」、「好公民」的滿足感。所以，這是一個不二之選，是一個符合崇高道德標準的選擇，是一個叫人最明白不過的選擇，是不能否定的、是正確的、並符合社會原則要求和傳統屬靈要求的選擇。

在另一邊廂，路得在靈裏的一片混亂中痛苦掙扎。在她裏面聽不見有清晰的引導，因為她最少聽到兩個聲音。她發現原來是她自己在對抗自己，所以，答案的選擇已不那麼簡單。原來在她裏面的某處，有某些東西曾經被認為是想當然的已有所動搖了。一切要她履行的身分任務，例如她是個徹頭徹尾的摩押人，應該結婚，承擔作為摩押人的責任，還有，她的神是基抹，而不是耶和華等等，如今都成為疑問。

路得同時擁有作為一個女人所有應該有和不應該有的素質。她是一個稱職的妻子、忠誠的媳婦、良善的摩押女子；她惟一沒有的，很明顯地，就是完全成為自己。路得是個一生循規蹈矩的女人，她遵守一切由別人所設立的規條。但現在她看見另一個生命，並聽見另一位神。她發現自己墮入了迷惘，看著自己改變成為一個全新的人。這是生命中最危險的時刻，因為此刻正是當我們感到在我們背後的錨被鬆開，前面的汪洋要把我們捲進去的時候。被我們拋諸後頭的人向我們搖頭，那些看著我們闖出去的人也在擺腦。拿俄米對路得說：「聽我勸，回去吧。」路得回答說：「我不能。」她們兩個都沒有錯。

有些人選擇走一些有很多人行的路，對他們來說，生命一點都不神祕。但是，對選擇不走這些路的人來說，對要在「過去」的樊籬以外尋找神的人來說，生命是一座轉動飛快、使人目眩的旋轉木馬。所有規條都成為了疑問，所有的確信都枯萎淨盡。他們曾一度將希望寄託在一些關係上，但所有這些關係都因路得這個女人的新思維、新行為的影響而發抖損傷。

路得忽然發現自己與她原來的文化背景、她的祖國、她的信仰和她在生命中的角色起了衝突。似乎這些衝突已經成為事實，只是發展得緩慢，而且是一次一個地出現而已。路得選擇與這些衝突逐一抗衡。首先，她確是一個摩押人，但她決定前去猶大地的伯利恆城，在那裏，她無論在種族上或宗教上都會永遠被人排斥。第二，她是她們部族所信奉的神基抹的一名追隨者，但她表明自己相信獨一的真神耶和華。第三，她是一個適婚的女人，但她寧願選擇跟隨另一個女人，也不要受男人的照顧。路得已發現了甚麼叫做要成為神要她成為的「己」，而且知道神是會撫育她和與她同行的。

路得顯然已改變了她對在世為女人的見解，改變了她對何謂屬靈人和與神建立關係的想法。不知怎的，她在某些地方已由一個小孩子轉化成一個大人，從小女孩轉化成女人，無論是甚麼結果，她是轉化了。她已經下定主意要凡事自決，堅持自己所建立出來的一套信念。她已經能夠獨立行動，開始由自己說自己是誰，而不是由別人說她是誰，她已是一個成熟的屬靈人。

有誰曉得這些事是怎樣發生的呢？有誰曉得一個女人怎麼會有一天開始明白自己並不適應過別人期望她所過的一生呢？有誰曉得一個女人想做的事是在她的世界以外的呢？這是否因為多年前在一次閒談中，有一個想法一劈頭就被人拒絕了，而這個想法始終沒有真正從心中摒除？是否因為多年以來積壓著的挫折感如水燒開了？是否因為有一個神學觀點出現矛盾，就是愈發意識到神呼召女性也同樣呼召男性呢？是否因為問了一個簡單的問題，但得不到一個具說服力的答案呢？例如，為甚麼我不能上學去？為甚麼我不能升職？為甚麼我不能證道？為甚麼他不可以洗碗碟？為甚麼他不可以照顧孩子？為甚麼？為甚麼？為甚麼？還是，這純粹是一個無可避免的結果，因為心中長久以來渴望能擁有決策權、參與制定政策、成為政府官員，在這個男人可以有想當然的想法的成人世界中，女人就沒可能有想當然的想法嗎？還是，這是她們被這些疑問所愚弄的後果？

無論在人心靈裏活動的是甚麼催化劑，或是哪一種使人變得敏感的酵素，在世界上，選擇要走一條有別於設定給她們走的路的女性比比皆是，她們甚至在生命的半路中途作出改變，選擇走其他的路。她們在規條、準則或制度中成長，但她們選擇走一條不是由規條、準則或制度設定給她們走的路。這是一個重大的屬靈時刻，叫人知道神在我們裏面的工作，是不會受我們生命的格式所規限。

「轉化」就是在女性生命中的這一刻：當她滿有信心地開始策劃她生命的環境，表明自己的意願，講出自己個人的需要，要求自己作出決定，而這並不在乎她是在年青時、年老時或是在甚麼時候開始有轉化。這一個時刻是，當她從認識神是一位在默想中的神，超越到認識祂是一位直接與她的心對話的神。「轉化」是進到完整的過程，也是我們受造的生命得以成長的過程，在成長的過程中，我們比我們在領悟到神是我們的神之前所想像自己能夠達到的地步成長得更多。

我們說，路得是一個由聖靈所創造出來的人物，她活在一個對她說神不要女人有這些東西的世界。但是，路得當著我們面前「轉化」了，她成為一個完全的人，使她自己與另一個女人聯合，並出發要在世上闖出自己的路，她有信心相信神既然在她裏面開始這生命之旅，也必看顧她走到終點。在過程中，路得邀請世上每一個女性進入「轉化」的時刻。因為由「轉化」生出來的屬靈素質最終會使一個女人得著滿有神的豐盛生命。假如她要成為創造主要她成為的人，就是成為創造主認為的真女人，即一個與男性分別開來、獨特、不斷成全的女人，這是女性在生命中的掙扎，但也是她必經之路。

第4章 上年紀的時刻

AGING

路得記一 19~21

於是二人同行，來到伯利恆。他們到了伯利恆，合城的人就都驚訝。婦女們說：「這是拿俄米麼？」

拿俄米對他們說：「不要叫我拿俄米，要叫我瑪拉，因為全能者使我受了大苦。我滿滿的出去，耶和華使我空空的回來。耶和華降禍與我，全能者使我受苦。既是這樣，你們為何還叫我拿俄米呢？」

當我們感到自己已不再年青，我們會比從前更加成為其他女性的寶貴資源。若沒有拿俄米那樣的智慧、堅強、決斷，路得也不是甚麼，她的出現不過是一個有待發生的或然事件。因為是拿俄米帶路得走生命路；是拿俄米將改變人的神指給她看；是拿俄米讓她知道生命是需要被陶造，而不是一味的去忍受；是拿俄米教導她如何去面對一個完全沒有迹象會關顧女性的世界。

在現代社會，人的生產能力是衡量人的身分價值的關鍵；在現代社會，人工作的時候，職責是主要的，而要做的工作可以很少；而且，社會又有超過一半的人口是在十五歲以下。在這個社會狀況下，一種很細微但仍清晰可見的恥辱，會隨著人年紀的增長在社會上出現。在一個重視身體機能活動的社會中，當人的體力開始衰退的時候，那些只能用時間累積得來的屬靈價值便很容易會被人輕視。而這個情況在女性身上顯得尤其嚴峻。

女性的體魄曾代表她的身分，決定她在社會的角色、她的目標和生命。但女人在兒女離開家庭、生兒育女的階段結束、以及她充沛的體魄衰退的時候，人們很容易會把她存留在宇宙萬物中的位置，視為無足掛齒的等閒事，她的存在並沒有實質的價值。就算在美國的企業，女性任職行政管理階層的數目仍少於百分之十二。[1]儘管女性的持家本領有高度的效率，似乎仍不會有人視領導才能為女性的特徵之一。結果，女性成為服事眾人的人，而少有人會尋求她的意見。隨著歲月的流逝，一個女人所遇到的試探是，她會變得愈來愈內向，而她豐富的智慧被人忽略，她的神學觀被人貶低，她所作出的提問無人理會，她的建議不被人重視，有時甚至被人嘲笑，更常常會被人輕視。

對女性來説，這可以是她們生命中的一個混亂、艱難的時期。我們作為女人的，是時候去染髮和買防皺霜；是時候把半截裙裁短，化上濃妝；是時候佯裝我們不是甚麼一把年紀。一直看身段為女性突出的價值的男士，還經常叫我們做「女孩子」，高級餐館的侍應亦稱呼我們為「小姐」。當然，他們招呼你的時候總是面掛笑容，儘量裝出一副自然流露的樣子。他們説，這樣會讓那些「女孩子」感覺好些，而成為洋娃娃芭芘(Barbie)就像是女性一生人的目標似的。為怕這個遊戲會結束，每當女性像洋娃娃的階段一結束，就請永不要再勾起洋娃娃的事情來，生怕我們因而就會承認保持性能力是女人的一個希望。人類有一半的人落得如此結局實在叫人心酸，這一半的人類曾塑造世世代代的靈魂呢。人沒有把智慧流傳下來，而把智慧加以擦掉是可恥的，這並不是因為他們沒有把智慧累積起來，而是因為女人跟男人不一樣，男人在退休之年，不是順理成章地成為董事局的榮譽成員，便是會找個甚麼顧問來做，擔任甚麼公職領袖，然而，從來沒有人尋問女人的智慧。

在路得記，拿俄米迫切地注意到自己在當下的境況，就是她在世上已是一個孤寡老婦人的事實。當伯利恆絕糧的時候，她隨丈夫去了摩押。後來在摩押，她們全家絕後，無人繼後香燈。她的丈夫死了，她的兒子也死了，拿俄米又過了生育的年齡，她成了智者在米大示五小卷之一的路得記註釋書(Ruth Rabba)中所說的"*va-tishaer*"「剩餘之物」。[2]拿俄米還可有甚麼作為？她已不能懷孕，她還有甚麼價值為社會所尋求、所看重的呢？她有甚麼價值使社會尊崇她的存在呢？社會想聽她的聲音嗎？會留心她所說的話嗎？

拿俄米與伯利恆的人多年不見，一生經歷勞苦的她帶著極大的悲傷，長途跋涉，返回伯利恆。在城門的婦女一見是她就都驚訝，拿俄米說：「不要叫我拿俄米」(拿俄米的意思就是甜)，「叫我瑪拉。」(意思是苦)，「因為全能者使我受了大苦。」這番話經常被引證為拿俄米為自己的命途多舛而向神生氣的一個例證，是她一個感到絕望、失去信心的例證。不過，這個說法在表面上好像說得通，這好像是說拿俄米的悲傷並不是直接由她對神的希望破滅而來，乃是因為她對一個自稱敬拜神的社會抱有希望，但這個社會將年老的婦女置之不理，使她希望幻滅。這好像是說，神明顯准許這些事情發生的，但祂的旨意並非如此。做女人的當然清楚知道這樣理解很有問題，也知道以它作為結論是同樣有問題：「是神要這樣待我的？是主？」誰能相信「照神的形像」創造全人類的神，竟會如此鄙視一半的人類？

似乎，拿俄米深知道如果我們要成為一個真正聖潔的民，那麼，這正正就是她的「苦毒」，即她這個年長婦人生命的學習，是我們都一定要好好學習處理的功課。拿俄米知道自己做過年青人尚未能做好的事：她已經長大成人，她曾作出過改變，也曾迷失過，並且已經克勝有餘。拿俄米經歷過這個世界之極盡傷害她之能事後，仍活著不倒。到了晚年，她又獨自經歷了生命的一再轉向。她雖然窮困，資產匱乏，但她仍奮戰不懈。縱使多有困厄，她仍然活著，仍在過日子。她沒有打算放棄，也沒有打算投降，沒有打算不去活，更沒有打算放棄成長。拿俄米是一個完全的女人的象徵，完全的女人的神向所有人招手，祂的招呼是超越任何年齡的界限，也越過任何角色的阻礙。

我們今日有許多關於人體成長的討論，但實質上，我們真正知道的很有限。到現時為止，在人體成長方面的研究都是集中在初生嬰兒和幼童的成長。我們以「月」作為計算時間的單位，記錄出嬰兒的發育情況。我們知道初生嬰兒應該在出生後第幾個星期能坐起來，在哪一個星期會發出咿咿呀呀的聲音，在哪一個星期能夠定睛看某個距離的東西。但是，我們就完全忽略人衰老的過程，包括衰老的程度、衰老給人的挑戰、人適應衰老的能力和衰老給人的洞見等等。事實上，幾乎沒有人會計劃記錄人在四十五歲之後的發展動態。不過，在西方社會，過去每一個年代的人在四十五歲之後的壽命，都比他們上一個年代的人的壽命長。

我們反而太過集中著重青年的階段，把這個階段偶像化，我們幾乎完全忽視去深入了解那些只在人生的進程中所得到的生命價值。更壞的是，有早年的文章把四十五歲稱為「過去與未來的交接點」。人到了這個年齡就會開始認命，接受自己是誰，這明顯是因為人到了這個年歲已沒有時間和機會去作出改變。[3]年紀成了我們的敵人，而不是我們生活經驗的寶庫和信心的收成期，這些經驗和信心的學習是由一些人為其他眾人的好處而累積得來的。

無論在科學上，研究人體成長的進展如何，人生後半段的生命在心理和社會層面上的發展空間是怎樣，仍有待認真處理。我們直到最近才開始明白，生命一直到終結那天都在不斷成長。生命的成長固然是指在身體上的成長，但它也包括在心智上的成長。我們完全忽略了年紀是人發展之源這個事實，年紀當然是靈性上發展的泉源，但也是心理發展的泉源。人的整個生命都是一個學習的過程，但只有年長的人才能告訴我們，還有待我們去學習的東西是甚麼。[4]

人只能活到某個年紀才會賺取到存在年紀中的財富。只有那些習慣拋開他生命中某些部分，並繼續活著的人，才能夠讓世人知道，世人所講的那些熬不過去的事，如受侮辱、有缺乏、經歷失敗和失去，其實都是可以熬過去的，而且很多時候都是為了人最大的益處。

人生有些教訓只會隨著年紀一同出現，而不能從其他途徑得到。年紀是一面鏡子，它反照人對神的認識。年紀教導我們時間之可貴，教導我們友情比財富更顯寶貴，教導我們坐著也可以如跑馬拉松一樣，是一種屬靈的操練，教導我們思想比行動更強，教導我們學習是終生的，教導我們世界是會過去的，教導我們成年人之間的種種爭名奪利會隨時間而消逝。而只有在我們裏面的東西才會長存，如美妙的樂章、有益身心的書本、偉大的美術作品、睿智的言語、信心和上帝。上年紀的人都知道，當攀高峯的日子過去，在我們裏面的這些東西會記錄我們每個日落黃昏，伴我們走到生命的盡頭。因為人外在一切所做的工夫會被沖走；只有人內在的東西會呈現出來。

然而，在社會上芸芸沒有被聽見的聲音中，上年紀的女人的聲音依然佔大多數。我們幾乎不知道我們所必須知道的是，要怎樣才能度過由僅僅作為一個「母親」到一個女人中間的歲月。我們視更年期為生命中的一個重要高潮、一種成熟的衰落表現、一種軟弱的現象，但我們常常忽略了去問一問女性的感受，或者，只問她們更年期帶給女性有多大影響。我們把更年期視為一種缺乏，而不是一種發展。不管在事實上，幾乎沒有數據或者是完全沒有數據支持那些結論，我們仍會說結論是「科學化」。我們從不希望去聽、去收集女人所發現的醫治大小通病的良方，把它們彙編成冊，諸如怎樣料理感冒、每年一次的傷風、小兒驚風、或關節炎衰退等等。儘管現代醫藥是無法根治關節炎，以致病者從來沒有一天停止過忍受患病的痛楚，我們也照樣不會參考女人在這方面的心得。我們在男人做決策的會談中，從來沒有問女人，她們聽到甚麼，希望聽到甚麼，和從不會聽甚麼。我們也從來沒有問她們，她們知道人類所缺少的是甚麼，但她們卻從不獲准去提出來的；又或者當「理由」不充分但沒有人讚許她們的時候，她們的內心有何感想。我們沒有去探求她們對神的認識，但因為有文獻列明和教義的規定，使她們從來沒有權利說出來，還有，在那些坐在門口的長者中，只有少數甚至沒有人是女性。缺少了女性的屬靈洞見，即缺少了世上另一個對信心的見地，而我們所有人都對女性的屬靈洞見的認識很貧乏。

有史以來，我們幾乎完全沒有詢問過女性，不論她們是甚麼年紀的女性，我們都甚少去問，甚至當她們的年紀稍長的時候，我們更少去問她們。在這個日趨暴力的世界，一個年長的婦女猶如一個智慧的寶庫，每當有一個老婦人去世，就有一個智慧寶庫與我們擦身而別。但是，在她們離世時，我們就算有也極少感到要為失去她們所懷有的祕密而悲傷，例如她們是如何忍耐、如何解決問題、如何存著愛心去面對衝突等等。我們當然不會說女人沒頭沒腦，但我們也太少倚重她們的智慧。我母親雖然從未受過教育，但她才智過人，晚年患上末期老年痴呆症，足足有二十八年之久，最終在八十一歲的高齡離世。我常常想知道，她的病情轉壞，有多少程度上是因為她減少運用她那精密的頭腦所致。我們未必會忽視人體肌肉的發展，但常常會忽視女性頭腦的發展。

毋庸置疑，拿俄米真的改變了。她年紀大了，並且是更有智慧和與神更加接近。她是一個從外邦之地歸來的難民，也是一個經過漫長的旅程之後歸家的人，她站在伯利恆城門口的時候，已是一個曾經滄海的女人，而且那些在城門口見到她的婦女中，沒有幾個曾有過她那樣的經歷。拿俄米的疲累是從生命的重擔而來，她知道在一個由家庭組成的社會中，她一個女人是如何的脆弱，但她決定繼續活下去，並且拒絕放棄。拿俄米是女性智慧的象徵，她是一個屬靈嚮導，是對抗歧視老人的解毒劑。當她重返她的出生地，站在伯利恆城門口的時候，她已是一個比同輩更富經驗和更有智慧的人。她曾經驗過死亡但仍繼續活著，她曾被打倒但拒絕放棄。她堅定地面對渺茫的未來，並決意要由自己來塑造自己的未來。如她的先祖一樣，她曾挑戰神，從低落的情緒返回來，她向我們證明，神不是一個名詞，乃是一個動詞。

故事講述到在城門口的婦女認不出拿俄米，當中所包含的喻意很清楚：生命給我們每個人一個不同的面孔。從老年人所表現的風度中，我們最清楚看見的是，真理把生命提升到尊嚴到達完全的地步。這就是從我們裏面帶往生命的邊沿的東西，是用來衡量生命的素質的。

我們帶著咒罵和憤怒、催迫和索求、又抓又爬的到達年紀頂峯的時候，這就是當我們的身體失去柔韌力，我們雙腳的骨頭變得脆弱的時候。而世人最需要的，就是我們所知道關於生命、關於神，知道甚麼是有價值、甚麼是沒有價值的事，也知道甚麼是聖潔的，甚麼並不是。當我們學了教訓，作為一個社羣，作為女性的時候，拿俄米就已經做好了她的本分，她將神帶給人羣，再從人羣帶給人類，以及將女性的屬靈恩賜帶給世人。

註釋

1. *Fact Sheet*: *The 1998 Catalyst Census of Women Board of Directors of the Fortune 500* (New York: Catalyst, 1998).
2. Robert L. Hubbard, Jr., *The Book of Ruth* (Grand Rapids: Eerdmans, 1988), p. 66.
3. Daniel Levinson et al., *The Seasons of a Man's Life* (New York: Ballantine Books, 1978), pp. 192~193.
4. Sandra Blakeslee, "A Decade of Discovery Yields a Shock about the Brain," *New York Times*, October 15, 1999.

第5章 獨立的時刻

INDEPENDENCE

路得記一22，二1~2

拿俄米和他兒婦摩押女子路得，從摩押地回來到伯利恆，正是動手割大麥的時候。

拿俄米的丈夫以利米勒的親族中，有一個人名叫波阿斯，是個大財主。

摩押女子路得對拿俄米說：「容我往田間去，我蒙誰的恩，就在誰的身後拾取麥穗。」拿俄米說：「女兒阿，你只管去。」

一個女人決定要獨立的時候，她就成為一個真正的人和屬靈的大人。對拿俄米和路得來說，獨立是她們惟一的資源。她們教導我們，假如我們要像她們一樣在羣體中成為別人的祝福，我們也必須以獨立作為我們的資源。

實質上，每個人都會受到別人的恩惠，有些人則會受很多人的恩惠。即或如此，我們仍有一個意念，想由自己來鋪排人生、做自己的管理人。我們如果有過這個意念的話，這個頑強的意念在我們裏面是揮不去的。這個要自主的想法，從我們年幼的時候開始滲入我們的靈魂，每次一個小小的思想，靜靜地在我們自己的心中活動，漸漸地成為我們長大成人的祕密標準，而最終我們亦以此來向自己證明，我們是成熟和有活著的權利的。

在這個人際關係錯綜複雜的世界裏，存有要自主的想法是一件極為可笑的事。我們在這條未被命名的俗世溪流中，如何可以逆流而上呢?我母親不停在我耳邊說：「你要多唸書，接受良好的教育。」她堅持著：「你一定要常常作好準備，可以隨時自己照顧自己。」當然，她是因為不能自己照顧自己才這麼說。不過，我現在明白，那聲音微弱的吩咐帶著幾分傷感，是因為一個女人在這樣的一個世界裏，竟然說她想自己照顧自己，那就等於搞經濟一樣沒有可能，是同樣會惹人笑話。儘管如此，她知道無論我們是支持哪一套創造神學理論，我們作為一個人的真義；她並不理會事實上社會對「女性人士」(woman-persons)的需求是很少，「女性人士」就是活動功能自如的女性成年人。

或者，尋求獨立是源出於我們每個人裏面的人類原始意念。無論我們如何認識我們與外在世界的關係，在我們每個人裏頭，總有一些能成為完全的人的材料。這是在神學上公認的真理。我們知道我們是分別出來的聖言，我們知道要完全對自己會變成怎樣的人負責，我們知道縱使我們今日是活在人羣中，我們仍然要與世界分離。有諺語也教訓我們：「我們獨自赤身來到世上，也會以同樣的方式離開，我們也要赤身和獨自離去。」每個女人都知道我們要對自己的靈魂負責任，但她按歷史的進程，就世界的結構及統計的數據去作推論的話，她也有理由懷疑，她是否真的要對甚麼事完全付上全部的責任。

我心裏似乎有所領悟，假如我能夠成為自己的指南針，指引自己，那麼，我將會真正成為一個人。但是，這是在屬靈生命中的一個高度危險的時期，我夾在自戀與向神負責任、以及自我中心與以神為中心之間搖來搖去，非常危險。如果我太過獨立，我就變成自己的神；但如果我太過倚賴，我永遠是個小孩子。這個處境固然非常危險，但也一定值得冒險。因為，除非一個人對「己」有真正的認識，得到一點聖靈感動，即所謂的是非之心，他除了做一些服事之外，就沒有甚麼貢獻，但做服事一點都不能代替我們的「己」。雖然，西方人在心理上一直以追求獨立為目標，而西方社會對獨立的看法有時又不一致，並經常是有誇大的成分，但是，獨立對人的靈性和個人的發展仍很重要。

不過，要做一個獨立的人一點也不容易，其感覺也不一定舒服。這很可能是因為要成為獨立的人所要付出的代價，與獨立所作出的承諾遠遠不合乎比例。結果，可以肯定的說，一個人要獨立的話，他要負擔的個人責任，比他從獨立所得到的個人自由還要大。即或如此，人一味的抓住自己、要完全自由的心是永不休止的。我們亦沒有一個人會例外。

假如路得記有甚麼話要對我們這個時代說，那就是一個女人對獨立的渴求，她渴求要做個活動自如的人，而不是一件物件。路得是個外邦人，是個少數民族，是猶太社會中的「女有色人士」，她面對著一個冷酷的世界，而且她能克服這種環境的成功機會很微。路得是一個外來的異族人，一個寡婦，一個隻身女人。說到底，她沒有甚麼可以依賴的東西，她只是靠著她那份很強的自我感覺、逞強的優點以及在她心裏面那種堅韌的吸引力，把她拉向信靠創造者為萬物所定的旨意，因她自己也在萬物之內。

人通常在頭幾次嘗試獨自面對生命的時候，都容易落在一個很容易受損傷的情況。在一塊外邦的地土，路得沒有甚麼可以期望，但要擔驚受怕的東西就有很多，包括因種族問題而被誹謗、被排斥，以及很經常地要對著在田裏的男人。路得已獨自踏出她作為一個女人的所有界限，她對未來沒有希望，在當下也得不到任何幫助，只有家中那個疼愛她的老婦人。這個劇情彷如她呼喊白馬王子來相救那麼悲涼。但是，路得不是要找一個白馬王子。

路得多年待在家中，直到這個時候才出去打工。她做家庭主婦的生活，如烤麵包、洗衣服、洗菜等，已經過去了。現在，她以拾取零碎的麥穗為生，這些麥穗是收割的人留給貧窮人去拾取的。路得比田裏的工人做得更加勤快、更加努力，她拾取她所見到的每一粒麥穗，而且整天在田間工作，並不畏懼猛烈的陽光。路得以世界之道去面對世界，並且得到勝利。她不求別人的恩惠，也不向任何人獻殷勤，以期望別人施予憐憫，她乃是憑著自己一雙手努力苦幹。這是一個很罕見的燦爛時刻，它為靈魂的破曉所成就的要比完成拾取麥穗的工作更大。如今站在神面前的路得，乃是一個有決斷力的個體，她決定要做一切她所能做到的事。這就是每個人與神建立關係的開始。在我們掌握自己的生命之前，我們充其量也不過是個敬虔的準參與者，而不是聖潔的追求者。虔誠的人參與宗教儀式，而宗教儀式是為了保護他們不被世界影響。但聖潔乃是超越宗教儀式去與生命的天使摔交。

真正的獨立是一個給予少數男人、但幾乎沒有給女人的屬靈光景。但是，沒有這種屬靈狀況，就不可能出現真正的互賴。真正的互賴是參與者互相給予和互相支取，使當中每一個人得以堅立起來。毫無疑問，倚賴人的想法在某方面引誘著我們每個人。姑勿論男人的本性是喜歡向外發展，他們仍會較容易偏向在一些具規模的公司工作，享有企業提供的權益，而不會去自己創一番事業，做個企業家。要得到穩妥、得人照顧的試探是一種在心理上的引誘，而對我們任何一個人來說，或者尤其是對女性而言，接受這個試探的後果是非同小可的。

女性一直以來都很會受教，放棄她們自己以換取一個虛假的保障。每當提到倚賴這個想法，如果所講及的是女性的話，就會叫人想起所有關於高貴公主與盔甲武士的童話故事中所表達的象徵，所有這些象徵都清楚道出女性在生命中的位置。社會上理想的「女性倚賴」

(female dependence) 很能滿足男性有統治的概念，而這個概念是使「公私世界」(public-private world) 分明的概念保持完整的。好像每個人在私底下的行動不也是一個公開性的行動；好像家庭事並不是我們州議會的議事結果似的，這就是為甚麼議會很需要有女性的聲音。好像我們犧牲自己以滿足其他人去達成他的目的，並不會與創造每一個獨立的人之啟示互相對立似的。但是，神是以獨特的方法創造我們每一個人的，祂也期望我們是獨特的。

「女性倚賴」的概念的確使人聯想到構成理想生活的古老形像：勞動的爸爸和持家的媽媽，住在一間真人大小的玩具房屋裏面。這個抽象的概念除了會普遍出現在西方社會之外，世界其他地方都不會有，不過，現在甚至在西方社會亦很罕見。然而，獨立的承諾不斷來引誘我們，而雖然承諾向我們食言，作莊園女皇的自主念頭仍然是我們的理想。我們很少有人會有那份能夠得到幫助的奢侈，去過我們的一生。我們不是靠自己，就是不能靠自己；我們不是有掙扎求存的能力，就是沒有；我們不是能夠支持自己，就是不能夠。毫無疑問，獨立是一種極不成比例的重擔。

獨立對人要求多多，但它最終給予人的就少之又少。當然，獨立使人得到「己」。女人尋求獨立是為了迎接「己」的出現。要是我們仍未知道我們是有能力自己支撐自己，要是我們仍在經濟上倚賴別人，要是我們在心理上仍倚賴某人替我們想辦法、編造我們的理想、建立我們的信念，那麼，我們仍未曾屬於自己。在我們屬於我們自己之前，我們真正向神的旨意敞開的心充其量也不過是一個良好的意途，而不會有實現的可能。沒有一個對獨立的健康意識，我們或許仍會知道我們需要做的是甚麼，但我們永遠不會有能力使自己把它實行出來。

但對女性而言，要成為一個獨立的人絕非容易的事。她與摩押人路得無異，永遠是社會制度下的一個外人。每當一個女人踏進一個企業，她就好像路得去到一個異地一樣。在企業的制度下，一個女人很少有彈性時間照顧兒女，企業也很少安排日間托兒活動給她的孩子，而且是沒有同工同酬這回事。企業所提供的，只有所有那些在老遠以前為了滿足男性的工作需要而發明出來的東西，例如哥爾夫球場、私人會所和祕書服務等，但這些都不是為女性的需要而設的。然而，不知為甚麼，女性會一次又一次地爭吵，因為不管有多少不平等，在一個人的世界最終能成為一個人總是值得的。最終，這會成就創造的目的，使人能夠繼續成全，做個有選擇能力的人，而不是一味的承擔重擔。

在世上的女性像路得一樣，繼續拾麥穗，收拾在田間的碎麥穗。在結束一日的工作後，她們可以像路得一樣對自己說：「今晚我們有吃的了。」當然，這句話與人的性命攸關，但也不單只是為了生存，這也同樣是說：「我可以做到。」以及「是我自己做的。」這是一件關係著「己」的意義的事。這是關乎人在世界有道德上的存在和屬靈的作用。這是一件關於完全作為一個人，運用我們的思想和體力的事。這是一個關於被人看得見的事。這是一件關乎成為一個可以自我持續發展的成年人的事。這是一件與完全作為一個人攸關的事。這是關乎我們知道神是照祂的形像創造我們，神是一位因祂的存在使萬物改變的神。

不錯，獨立乃是代價不菲的。因為獨立常常帶著一個害怕在不熟悉的環境活動，和會失敗的可能。但獨立帶來的收穫也是無可估量的。世上的女性注定一生要照顧男人，一個接著一個的從照顧她們的父親開始，到照顧她們的丈夫，以至到她們的兒子，她們倚賴他們，由他們來決定自己的一切，被他們支配，無論是如何無聲無色，獨立是一種與別不同的靈丹妙藥。獨立是一個向世界的宣告：「我也是一個人，我還沒有死。」獨立也是一個答謝，說，我也是神賜給世界的恩典和禮物。我有我要去履行的事，而且我要整個人投入去做，而不是付出一小部分的我。

獨立是通向承認在我們的「己」中有「屬神的己」(God-self) 的路。從這個「屬神的己」生出來的有信心和自尊、自制和自我發展、自重和自知。最終，比「已」的出現更好的是，常常擁有那份意識。最終，我們從獨立得著權利和義務，成為神的恩賜給予世上的人，我們會謹守自己在世上的崗位，持守它，改進它和做好它。

獨立不是一個女性用來替代自戀的同義詞。它是女性的要求，她們要求能自己肩負起責任，做一個對社會有貢獻的公民、有使命的人和熱愛生命的人，她們要做自己個人得贖的經理人，在一個沒有智慧的世界中做一個具智慧的代表，成為神的另一個形像。不過，我們都習慣了在我們生命中的男人身上找尋這些東西。人若不獨立，便不可能有真正的羣體出現。如果人類中半數的人不能夠完全成為為人類作出貢獻的成員，結果只會造成他們一味的順應和一味的犧牲。獨立給予人有決定參與建設社羣的權利，它不是給人一個責任，叫他們只為滿足社羣的目的而被奴役。諷刺的是，獨立是我們惟一能兑現互賴的單據。

路得記講述的是兩個肩負起自己的世界的女人，她們沒有分裂世界，也沒有逃避，她們沒有意圖要與男人對壘。她們沒有破壞世界或嘲笑它。她們沒有意圖要為自己去另創一個分離主義的制度。她們跟任何地方的女人一樣，只是希望以成人的身分，而不是以小孩子的身分去參與生命的建造，她們希望做施予的人，而不是做支取者。

路得呼籲女性不管遇到甚麼困難，不管自己的想法與世界的想法有多不同，都要去成為一切她們所能成為的。路得獨自出去，到陌生的地方去，她帶著世上所有的女性同行，不是單單為了女性的好處，乃是為了整個世界的好處而出去的。

第6章
受尊重的時刻

RESPECT

路得記二 5~9

波阿斯問監管收割的僕人說：「那是誰家的女子？」

監管收割的僕人回答說：「是那摩押女子，跟隨拿俄米從摩押地回來的。他說：『請你容我跟著收割的人拾取打捆剩下的麥穗。』他從早晨直到如今，除了在屋子裏坐一會兒，常在這裏。」波阿斯對路得說：「女兒阿，聽我說，不要往別人田裏拾取麥穗，也不要離開這裏，要常與我使女們在一處。我的僕人在那塊田收割，你就跟著他們去。我已經吩咐僕人不可欺負你；你若渴了，就可以到器皿那裏喝僕人打來的水。」

THE FIELD BELONGS TO BOAZ, KINSMAN OF NA

BOAZ ASKS HIS SERVANT WHO RUTH IS

當一個女人領悟到她最終能得到別人的尊重，是因為他們認識到她裏面的她是誰，而不是因為她是某人的女兒或某人的妻子的時候，她就發現自己裏面有一個充滿機會的井，讓世人可以有信心去打井。路得拆毀了在富有和貧窮之間、以及在男性與女性中間築起的競技場，她並沒有用甚麼欺詐手法，也沒有向權力屈服，也沒有假笑或嗚咽，她不是將自己扮成一個悽涼的閨女，她乃是憑著她的品格來進行這拆毀的工夫，只有具品格的人才會讚賞她這種品格，而且也必定會尊重她。在路得裏面有她受造的尊嚴，而且她使到身邊的人也看得見這份尊嚴。

愛受人愛戴與受人讚賞和尊重完全是兩回事。本來，有些高層會議只有男性參與，但隨著社會上出現的新規範，要求女性加入這類會議的法例愈來愈多，使到有好些「獨立派」女性通常都會得到人的肯定。可是，人們只會抱著優越感去呵護她們、照應她們，人們會在禮貌上與她們接觸、關懷她們。她們受人注視，有時甚至被人選出來，向公眾發表意見，並且常常得到人的讚賞。但是，當真正有事要決定的時候，人們又馬上不會重視她們，不視她們為真正需要考慮的因素。故此，她們的存在並沒有改變甚麼。她們並不能成為機關內具影響力的會議成員，她們也不會成為政府統治班子的成員。她們只不過是在那裏出現而已：她們只是一個象徵，象徵沒有社會地位的階層，以滿足議會門外的人而又不會危害在門內舊有的防禦。然而，在整個沒有社會地位的階層能期望有公正和尊重出現之前，沒有一個象徵性的行動，例如在一處地方出現一位成功的女性，或在另一處地方有一次破格的委任，能滿足人對這一整個階層的剝削。即或如此，裝門面的象徵性行動仍可以極具影響力的。因為連我們自己都熱切渴望能晉身政制議會，與其他成員平起平坐，但當我們成為議會內的成員後，我們就反而比在議會外的時候，更少倡議將婦女納入議會之內。這個時候，我們開始提出「要忍耐」，開始辯稱「改變是需要時間的」。在這一刻，我們滿有一副男兒家的德性。

在憲制下的少數派議會成員，通常很少會有破壞現狀的傾向，他們很少會要求議會順應他們的想法去作議決。他們會很快解釋，他們並不是一個「只能顧及一項議程的人」，他們的考慮是多方面的。在男性舞台上的新女性成員，通常都很熱心於作出審慎的辯解，表示她們「從來沒有受過壓迫」。雖然，她們也會向推動婦女事宜的行動致敬，但她們在現行的政制下已經是完全中立的，是處於一個打穩陣腳的隱蔽位置。她們在任內草擬才幾份目的是為改善婦女地位的議案，她們提名才那麼幾個女性加入她們的行列，她們招募才那麼幾位女性顧問、輔導員和後勤人員。得到參政的位分而沒有表現出受人尊重的得益是件惡事。我們所有人都是這惡事的犧牲者，我們為了讓人看到我們是「講道理」的人，「友善」的女性主義者，是良善和敬畏神的虔誠女人，我們多少都出賣了我們的靈魂。但是，當「友善」變得比對真理忠誠、比持守正義、比委身於神的工作更加重要的時候，真正的靈性就會死去。不管我們向真理忠誠、持守正義和委身於神的工作的時候受到甚麼樣的壓力。

當然，在這世界的女性受到多少的尊敬，就受到多少的排斥。但是，有太多的時候，女性因受尊敬而要付出的代價也實在太高，因為「友善」的女性要履行社會對她們的期望。她們要學習帶著緊張又興奮的心情說話，在講求禮節的會議上學習低聲說話，又要學習辦事「妥妥當當」、「客觀」和有「邏輯」。她們知道「女人的本分」，並會持守著它。這樣，萬事都會相安無事，天下太平。這樣，人所擔當的角色就取決於人的性別，權力是屬於一個性別的人士，犧牲則屬於另一個性別的人士。我們並不需要搞清楚甚麼是甚麼。如果維持秩序比秉行公義更加重要，尊敬比尊重更加重要，那麼，我們根本無須平衡這個世界的議程。

顯然，女性所遇到的真正問題是，她們愈是受人尊敬，就愈被人唾罵。受人尊敬的意思是，滿足那些在社會上實際得到尊重的人士的期望。所以，受人尊敬的意思是，你只能成為你一半的自己。這並不是一個容易作出的選擇：你成為別人希望你成為的人是要經得批准的。多年來，我一直在說：「我不是一個女性主義者，但是……」我一直熱心保持著我的良好信譽，我是一個「好修女」、「好女人」。但是，有一天，我發現自己原來是支持男女平等的，我支持爭取男女在法律上得到平等的薪酬、平等權利、平等代表性、平等保護、以及在神學上，女性與男性同等是神施恩的管道。當時我只有一條路可走，就是我不能繼續排擠自己，與那些相信事實上女性也是神的能力在地上所發的光輝的人分開，而且這個事實是有完全的啟示的。有位太太對我說：「我不許你接近我的女兒。我希望她成為一個好太太、好媽媽，而不是一個女權運動者。」她彷彿是說，好太太、好媽媽和女權運動者是互相矛盾似的。但這個例子很清楚表示，要做你自己、說你所想的、做你需要做的，使自己得到最大的發展的意思就是要冒著被排斥的危險。這種社會心理狀態的遺風仍到處可見。現在，人們仍在告訴小女孩要做「小淑女」，就是當她們最需要學習堅持和遇事要揚聲的時候，卻要她們學習溫馴安靜。少女仍會隔著一條街被人喝倒采。成年的女性多年來受盡非難，結果仍免不了要離婚。她們一生不斷的聽到別人在對她們說話，甚至神也要拒絕她們，結果，她們仍是要離開教會。於是，女人的問題變成了：怎樣在一個說尊敬你但不尊重你的社會中保持自重。

但在另一方面，路得記這個古老、被人忽略的故事，卻是一個關於學習自力更生和自重的功課，而且它是出自神的手筆。希伯來的聖經清楚指出，路得是一個長久以來習慣擔當女性社會角色和外邦人角色的寡婦。她是一個摩押人，在猶太文化中，她是一個最低劣的外邦人，然而，她就是在這個文化中找回她自己的。路得的「己」有很強的自我感覺，她只是要求取回這個「己」的權利。她說：「我往田間去。」(得二2) 。這即是說，我往男人的世界去，因為我有去那裏的許可證。路得是外來移民和寡婦，但她知道她也有她的權利。猶太人的法律賦予她可以得到在田間遺留下來的穀物，而田主也同樣在這個法律之下，知道路得要來尋找的是公義而不是恩惠。路得並不是鬼鬼祟祟的在一些邊沿地方四處潛行拾荒。她在每一天的工作完結之後，對自己都問心無愧。她在工作開始的時候，先會問准監管收割的僕人，然後留在那裏做足一天。她是一個拾穗的人，所以她做拾穗的工作。

波阿斯注意到路得這個陌生女人，他問僕人：「她是誰家的女子？」這個問題的答案很清楚，路得並不屬於誰人。她不是某人的妻子，她不是奴隸，也沒有許配給誰。她是獨立人士，而且明顯地，她的能力是有過之而無不及的。結果，奇迹發生了。她做回她自己，她做她需要做的事，而她所得到的回應就是尊重。路得是一個會叫人去認真衡量她的女人，而波阿斯就是能辨到這一點的人。波阿斯給路得喝僕人打來的水，按當地文化，大多數外邦人都是奴隸而不是公民，而女人是男人的財產，從來只有女人打水給男人喝，而沒有男人打水給女人喝。

顯然，神在路得記所傳出的話是，女性有她們的權利，女性是強者，是有能力的人，是獨立的人，神是尊重女性的。這與尊敬或被排斥迴然不同。

尊重不是一門教人言行要合乎社會體統的藝術。當女人被人認真對待，得到別人的聆聽，當人知道神是要求每個人成為祂合用的器皿，並有智慧地對待女性，女性就會得到尊重。因為女性也是神發出的話語，而聽從神的話語也是很寶貴的。

另一方面，我們把我們所尊敬的、捧為偶像的，包裝在我們對他們的期望之中。我們並不需要聽我們捧為偶像的人的說話，因為我們早已知道我們是因著甚麼而敬重他們。

我們唾罵那些對我們沒價值的東西並摒棄它們。我們不會聽從我們唾罵的人的話，因為我們早已知道他們所講的話沒有一句有真正的價值。我們只尋求去支配我們所唾罵的，但卻聽從我們所尊重的。

我們容許我們所尊重的人有他們自己的觀點，我們會留心聽他們的見解，而事實上，我們是以他們的見解來衡量我們自己的見解。我們會討論他們所作出的評論，探討他們的想法，尋求他們對事物的理解，生怕自己在思考的過程中錯過了一些有價值的東西，因為我們是為自己去尋求我們所尊重的。

受人尊重的女人從不需要用哭叫或乞求或嘮叨的方式來達到目的。她成為一個完全有參與能力的成年人，而我們也是因為她而接近她。無論是她，還是我們，都知道這種洞察力是神的恩賜。在法律上得到的平等對待並不能代替尊重，因為每位女性都知道誰受聘用，但因為被忽視而沒有晉升的機會；看得出誰受過教育，但在言談中她們的想法往往被人忽視；也知道誰是有法律權利，但因在社會上得到的支持很少而被同業排擠。事實上，平等並沒有帶來尊重。相反，尊重才是平等的基礎。

神就是路得所要的平等，而路得是神尊重女性的印記。

第7章 得到認同的時刻

RECOGNITION

路得記二 10~17

路得就俯伏在地叩拜，對他說：「我既是外邦人，怎麼蒙你的恩，這樣顧恤我呢？」

波阿斯回答說：「自從你丈夫死後，凡你向婆婆所行的，並你離開父母和本地，到素不認識的民中，這些事人全都告訴我了。

願耶和華照你所行的賞賜你。你來投靠耶和華——以色列神的翅膀下，願你滿得他的賞賜。」

路得說：「我主阿，願在你眼前蒙恩。我雖然不及你的一個使女，你還用慈愛的話安慰我的心。」

到了喫飯的時候，波阿斯對路得說：「你到這裏來喫餅，將餅蘸在醋裏。」路得就在收割的人旁邊坐下；他們把烘了的穗子遞給他。他吃飽了，還有餘剩的。

他起來又拾取麥穗，波阿斯吩咐僕人說：「他就是在捆中拾取麥穗，也可以容他，不可羞辱他；並要從捆裏抽出些來，留在地下任他拾取，不可叱嚇他。」這樣，路得在田間拾取麥穗，直到晚上，將所拾取的打了，約有一伊法大麥。

女性憑著自己的努力而得到成就，並受到公開認同的時候，人對何謂一個女人的整個看法就改觀了，這個改變不單是為了她，也是為了所有其他人。當波阿斯稱讚路得，說她的工作幹得好，她的生命是有價值的時候，所有女人和男人，都因此進入「為人之道」的一種新體現。他們一起成為人類，女人是人類，男人也是。

不過，就算有最理想的環境因素，這種情況仍屬罕見。當伊莉莎伯．多爾（Elizabeth Dole）尋求獲得提名，角逐成為二○○○年美國總統競選的共和黨候選人的時候，《紐約時報》發表評論文章，質疑她的丈夫，即本身是前美國總統競選候選人的鮑勃．多爾（Bob Dole），怎麼可以稱自己是伊莉莎伯．多爾的「最大的擁護者和支持者」，接著又表示要開出一張支票給一名參議員角逐提名，而該名參議員正是伊莉莎伯．多爾的競爭對手。鮑勃．多爾後來補充說，他是尋求「尤其可以協助[議員約翰（Senator John）] 麥凱恩（McCain）參選的途徑」，他的講話好像是說，這兩件事是完全沒有關係似的。在另一方面，該篇文章繼續指出，伊莉莎伯．多爾向來是她丈夫最熱心和最永不言倦的支持者。[1] 鮑勃．多爾的聲明之所以令人感到震驚，並不是因為其聲明內容強差人意，而是他公開地表現出他對自己那番有問題的講話毫不敏感。無論神如何清楚承認祂接受男人和女人都同樣是完全的人，這個世界早已經是寧願選擇男人都不要女人。

作為女人，我們早知道甚麼叫做能幹得來又同時要做到沒有被人留意到，好像隱了形一樣。事實上，不被人留意已被人視為是女性的一種美德和她們所擔當的社會角色。神在女性身上所傳講的話，不是祂準備或預期給世界的一件額外東西。女性向來是做支援別人的人，「不顯眼」、「不觸目」是她們的一個大眾化形像，和她們典型的社會角色。這個現象的含意很顯淺：我們不會看一眼的東西，我們不必認真處理；我們不認真處理的東西，我們也不會去看一眼。這個影響無論對社會，抑或對女性和男性本身，都肯定會造成很嚴重的後果。

但事實的真相是，認同、讚賞乃是一團溫暖著每一顆心的火焰。在同一個家庭長大的每一個孩子，都會爭著要成為被選中、受人注意和被單單寵愛的那一個。每個孩子都想得到別人的肯定，視他們的存在為完全的獨一無二。無論在哪一處地方的小組隊伍、公司、或機關，都會為獲得小徽章、勛帶、獎杯、勛章和大眾對他們的成就的肯定而努力不懈，不管這些獎勵有多微不足道，抑或是地方性的，還是很俗套的嘉許。認同、讚賞是社會所採用的一個方法，用以告訴那些受到嘉許的人，他們是備受珍重的，他們的工作是不可或缺的，他們的努力是受到敬重的，他們的生命已經得到注意。

不善認同、讚賞就等如把輸送給靈魂的氧氣截斷。但是，每當對像是女性的時候，我們都很慣性地不予讚賞。我們説，會做菜的男人是廚師；會做菜的女人是炊事員。男人加入一間公司當代辦人之後，他自然能期望會很快晉升到督導的位置，進入較高的薪酬網，繼而成為公司的管理層要員。但是，女人加入一間公司後，她會在祕書組工作，一直做到退休為止。男人只要做點事就很容易會成為報章的頭條。女人所做的事，好像多年來致力發展其社區的花園俱樂部；獻出一生的心血組織兒童圖書社；花畢生的時間打電話做聯絡工作，安排「上門送飯服務」的行車時間表等等，就從來不為人所知，這些工作頂多只會在教會通訊的致謝欄刊登出來。

像這樣的態度所帶來的影響，雖則其禍害是不容易察覺，但最終受害的還是社會。例如，很多婦女工作通常都在沒有經費資助下進行，婦女義務工作亦一再被人忽略，女性的屬靈恩賜老是不被肯定，女性的才能被忽視，女性所做的家務也不被計算在國民生產總值之內，故此，一個畢生做家務的寡婦只能獲得一半的社會保障金。女性基本上會被人遺忘的事實在社會制度中確實已很根深蒂固。但是，聖靈也被遺忘了嗎？難道這是與恩典的分佈有關？神是路得隨時的幫助要比祂是波阿斯隨時的幫助為少嗎？假如是這樣，為甚麼在路得記，神的工作主要是透過路得和拿俄米，而不是透過波阿斯，並且彌賽亞是從大衛而出，而大衛是由路得所懷的新生命而出的呢？

我們堅持要男人帶頭，女人輔助。但是在路得記並不是這樣。我們在路得記見到，神對待女性的態度與這個說法所講的是完全迥異的。在路得記，神的工作是由女人來執行的，然後由善良的男人、非常屬靈的男人來稱讚神的工作。

得到認同和讚賞在路得身上是一個很關鍵性的問題，正如稱讚在每個人的心中那樣重要。路得問波阿斯：「為甚麼我得到你的青睞？」這是一個不拘泥於禮節的問題，而且隱藏著一連串的問題。它的意思是說，你為甚麼接受我？你為甚麼選中我？你為甚麼給予我特權？你為甚麼在眾人中，稱讚我這個被遺棄的人，稱讚我這個外邦人，我這個女人呢？路得很想知道答案。路得所問的問題是有她的理據的，因為她不是迫切求恩惠，她不是想努力以哄騙來得到惠澤，她只是希望得到她應該得到的。

波阿斯的回答跟路得的問題同樣是清楚直接：「因為我很讚賞你所做的一切善行。」換句話說，他是說，我知道你工作勤力，你是個有才幹、有能力、有價值的人，而且，我希望你得到注重。在這件事當中並沒有甚麼與性有關的遊戲，也沒有毫無根據的施捨。波阿斯沒有誇大其辭，他並非鮑勃·多爾。他不是在第一句話作出政治聲明，接著在第二句就收回自己之前所講過的話。波阿斯不是那樣，他稱讚路得的方法是很特別的，他所強調的是「認同」，因為路得理應得到這樣獨特的讚美。路得做完一日的工作之後，拾取了一伊法，或一籃子的穀物。據說，一伊法相等於今日在美國的二十九磅。在當日，一名工人一日所賺到的口糧很少會超過兩磅。[2] 但路得在一次拾穗的行動中，就拾得相等於一名工人半個月的工資。路得不是一個無價值的工人，不是一個靠社會福利救濟的大懶蟲，也不是一個決心吃社會的乞丐。路得是一個獨立、有進取心、有活力、全情投入和忠誠的人。而波阿斯是一個為人公正、誠實、可靠的男人。他稱讚她、敬重她，並且指示他的僕人都要這樣做。

波阿斯在一個根本不會注意女性的世界中選上一個女人，那個世界是一個視女性與牛隻、奴隸為同類的世界。波阿斯並沒有為路得去改變整個社會制度，而是路得使制度成為一個有利於自己的制度，然後由波阿斯給予她所配得的尊重。路得憑著努力得到成就的結果就是得到認同和讚賞。這是人所衷心希望見到的一個社會現象。

認同、讚賞是人類成長過程中不可或缺的一環，是神創造的結果。神稱讚自己所做的，說都是好的。我們作為宇宙的共同創造人，也要使這個世界同樣成為一個配受稱讚、得體的好地方。沒有稱讚，我們會將人同時努力成為最有人性和最似神的部分扼殺。沒有認同，我們就無法衡量我們的價值，無法記錄我們的成長。在沒有評許和認同的環境下工作，就等如蒙著眼睛在黑暗中工作一樣。得到認同是一個表示我仍然活著的記號，它使其他人看見神的恩典和人性美麗的一面。認同、稱讚呼喚我去感受聖靈的臨在，並且作出回應。

當然，為工作而工作是有可能的，動物就是那樣。但那並不是人性的表現。人類工作是因為工作能反映出在他們裏面神聖的一面。人類的工作是有創意的。忽視工作具有創造意義的特質，好像女性因為被人視為低等的，所以她們的工作在歷世歷代以來都不被重視，或者她們現在是與男性平等但依然「有別」，因此她們仍是低等的，這不只是一個對創造的冒犯，也是對創造力的一個障礙。女性的工作被貶低，世界只會更加貧乏。因為做工的人是女人而輕看一個女人的工作，就是摒棄人類一半的價值。但是，假如人類的一半是軟弱的，另外的一半人也會轉弱。

不善認同、讚賞是那些看見別人的價值而不會讚賞的人缺乏安全感的一個很明顯的特徵。因為對一些我們不能改善的事，我們輕視它比努力去克勝它容易得多。路得在一日之間賺取了半個月的口糧，聖經亦記載了這件事。路得不是一個智力低下的人，也不是個哭哭啼啼的人。在路得記，有一個女人比在她以後的神學家口中的她更堅強，她比在她以後的哲學家提及的她更堅決，各地都認為她做起事來比所謂的制度更要仔細，而她是一個女人。

因此，我們最大的屬靈問題是，認同別人之所是到甚麼時候才會成為一個準則？對男女作出的錯誤比較在甚麼時候才會終止？當我們說：「她思想的時候像個男人。」好像是說她不夠女人。但是，最叫人感到悲哀的是，我們是真誠地認為這是一種讚美。但實際上，這完全是再一次表示女性作為女性，仍未曾真正因為她們是女性而得到認同，她們仍未因她們所貢獻的、因她們是女性所擁有的而得到稱讚，她們仍未因神賜她們做女性而得到肯定。女性不是男性的一個弱質影子，她們是獨特的，是神個別創造出來的個體，而且會繼續將神所賜的恩典施予其他人。

「我怎麼蒙你的恩，這樣顧恤我呢？」路得直截問波阿斯。「因為我讚賞你所作的善行」波阿斯回答說。一個男人能對一個女人有這樣的稱讚，肯定是聖靈引用聖經去證明，指造物是有等次之分的乃是異端的說法。神是樂意的，神的話總有一日會成全。

註釋

1. Gail Collins, "The Editorial Observer," *New York Times*, May 18, 1999, p. A30.
2. Robert L. Hubbard, Jr., *The Book of Ruth* (Grand Rapids: Eerdmans, 1988), p. 187.

第8章 有洞見的時刻

INSIGHT

路得記二 18~23

他就把所拾取的[一伊法]帶進城去給婆婆看，又把他喫飽了所剩的給了婆婆。

婆婆問他說：「你今日在那裏拾取麥穗，在那裏作工呢？願那顧恤你的得福。」路得就告訴婆婆說：「我今日在一個名叫波阿斯的人那裏作工。」

拿俄米對兒婦說：「願那人蒙耶和華賜福，因為他不斷的恩待活人死人。」拿俄米又說：「那是我們本族的人，是一個至近的親屬。」

摩押女子路得說：「他對我說：『你要緊隨我的僕人拾取麥穗，直等他們收完了我的莊稼。』」

拿俄米對兒婦路得說：「女兒阿，你跟著他的使女出去，不叫人遇見你在別人田間，這纔為好。」

於是路得與波阿斯的使女常在一處拾取麥穗，直到收完了大麥和小麥。路得仍與婆婆同住。

當一個女人明白所有男人都配不起自己的時候，因為他們除了對她產生好感之外便沒有別的原因，她就會變得更加尊貴。拿俄米知道世上有兩種男人，她便毫不猶豫就指出來。拿俄米不是要為路得找一個能養家的男士，她乃是要為路得找一個男人。她要找一個與正值女性成年期(womanhood)的路得匹配的男人，找一個會善待路得，而不會輕視任何人的人。

然而，我們經常會輕視女性。無論人有多好的出發點，輕視女性仍是一個難以改變的漸進過程，我們亦很難知道為甚麼會這樣。首先，初生的女嬰只是一個名字，她是粉紅色的，而粉紅色代表她很柔弱。之後，她是一個「小女孩」，因為常會有人對她說：「小女孩不要……」然後，她只是一個少女，一個皮包骨、又高又瘦、動輒就會傻笑、既不是小孩又不是大人的女孩子。她會被城中每間店鋪門前的每個廣告引誘，使她注意自己的身體比關心自己的智慧更多。然後，有一天她突然會變成一個女人。但諷刺的是，每過一個階段，她的自由就會愈來愈少，但限制就會愈來愈多。例如，「你要做淑女。」「這不是女性成熟的態度。」「小心遇人不淑。」等等都是一個以人的性別來決定一切的社會所有的標記。

「你已經十三歲了，是不應該去運動場跟那些男孩子一起玩的。」我父親説。我聽了很困惑，因為我在那個運動場玩耍已經有五年時間。不過，在這件事發生的時候，我還未曉得它根本是個沒有邏輯的邏輯。多年以後，我才明白父親很清楚男人的為人，而我在當時是一竅不通。多年以後我才明白，雖然表面上女性去社交場合見識一下，或者對她們也有好處，但是，做父親的仍知道要勸戒女兒，在陌生場所不要隨便相信人。男人和女人的屬靈問題就在這裏出現了。

這樣用另一個講法將女性的角色堆砌出來確實是個謎。但是，它並非完全只是一個女性之謎。女人之作為一個女人，與男人作為男人一樣，同樣有作為女人的每一點屬靈意義，她們亦知道作為女性的真正意義。

女性能對自己的成年期有意識，是女性在成長過程中的一個重要時刻。不過，這個意識並不是全面的，它要等到女性能同樣意識到，甚麼才是真正構成完全的男性成年期（manhood）的時候才得以全面。然而，男性成年期與女性成年期的形像長期被人扭曲。兩性的形像經常是經廣告板和荷李活電影描繪出來，這比通過人的洞察力和屬靈的思考而來的為多。結果，我們承襲所謂的女人的形像或男人的形像，或男性形像和女性形像，而且，這些形像已不只是討好男性，也十分討好女性。

女人被訓練成為具誘惑力的女性，而男人則被訓練成為暴戾和性飢渴的捕食者；女人是犧牲者，而男人是製造犧牲者的人。對男女兩者所下的定義如此片面很是可悲。這個定義把具深度的靈性抹掉了，只留下一個軀殼讓女人和男人在當中成長。女人和男人都在分離的過程中損失了自己，而這個過程會對我們一生造成傷害。

對作為一個女人或作為一個男人的認識不夠全面，是一件極之糟透的事，好像泰山和阿珍所表達的傳統男人和女人形像就是一例。結果，我們看見五十來歲的女人掩飾自己的年齡，四十多歲的男人知道怎樣打架卻不會哭。我們的世界是一個虛假的世界，裏面充滿勝利者和失敗者，而不是一個充滿聖潔的人的聖潔世界。我們的虔誠是虛幻的。我們以宗教作為裝飾去刺激在宗教以外的人，影響擔綱不同角色的人和社會架構。當我們對性別、人性、靈性有更全面的了解，我們或者就漸漸發展出一把更像先知的聲音。

有些女人其實不是女人而是小女孩，不過，她們把自己裝扮成大人；照樣，有些男人事實上也不是男人。他們通常很「雄赳赳」，甚至很有「男子氣概」，但他們不是男人。直到他們對自己有把握，能以公正、平等、並有智慧地與女性相處，他們才是真正的男人。不然，他們只是假扮成男人，他們害怕受到困擾，驚怕失去控制權，他們沒有能力承認自己是有限的，而且專注於以扭曲聖經真理來證明自己有理。

如果一個男人在一羣男人中令一個女人感覺自己像一個過客，並不理會或忽視她認為重要的東西；他與人交談的時候，又一心只想得到其他男人的回應，而且很多時候，他尋求所有作出回應的人都要符合一套準則，就是他們都必須是白種人、男性和西方人士，以及要符合所有由諸如此類的準則引申出來的條件，那麼，這個男人仍是一個未成年的男人。他只是假裝自己是男人，他若不是在吹噓，就是為其他像他一樣未成熟的男人而裝模作樣而已。

每個女人都要在生命中的一個時刻，學會如何分辨誰是完全屬靈的男人。如果女人假設所有男人都是有價值的話，或者恰恰相反，她假設沒有一個男人是有價值的話，那麼，她的問題就來了。因為她會有把各種男人混淆不清的危險。路得記呼喚我們去培育出能分辨各種男人的洞察力，這樣做同時是為了男人和女人的好處。

年長、有豐富人生經驗，同時又幾經受傷的拿俄米相當斬釘截鐵地指出了這一點。她知道關於男人的事，是路得還沒有知道的。拿俄米知道所有男人仍未曉得女人乃是神另一面的形像，女人並不是被創造成比男性弱小的人，去為男人效力。

路得第一天在田裏就遇到了這兩種男人，她在這一天才開始踏入男人的社交圈子。拿俄米指出，波阿斯是她們的一個遠親，是她們家的一員。拿俄米說：「他是我們本族的人。」這是一個很重要的訊息。路得偶然進入了一個安全的境內，換句話說，她進入了一處有一個正直的人存在的地方，而這個人是承認女性的價值的。他以平等的態度對待她，他待她如一個猶太婦女，而不是一個摩押人或低微的外人。他沒有忽視她、沒有剝削她、沒有愚弄她、也沒有企圖要控制她，他只是建議她留在他的田裏工作，跟隨他的僕婢，而不要獨自一個人去別人的田裏。而且，他出動自己的僕人去使她的工作更加有果效。這給拿俄米一看就看穿了，她對路得說：「你要跟著他的使女，不要在別人的田間，」有較早期的翻譯將這個故事說得相當清楚，她接著說的一句是：「免得你被人調戲。」拿俄米給路得的指示相當淺白，就是她與某些男人一起是不安全的，但她與這個男人一起卻是安全的。這是有洞見的人才能看出其中的分別。

在當日的社會，男人為求表現得「雄」氣迫人而出賣了他們作為男人的成熟氣質，路得就是在這樣的男人面前，要面對怎樣才是一個女人的問題。這些男人的成熟表現已被歪曲成愛支配人或者言行粗野的意思，而女人則是一些物件而已。但很可悲，人在傳統上敬重這兩個對男女的看法。哲學家尼采(Nietzsche)說：「我們應該養育女人成為軍人的玩物。」[1]但是，路得清楚知道，自己不是那些有階級觀念的哲學家所講的那種女人。而且，她從波阿斯身上看見，男人也可以比「雄氣主義」(machoism)的男人更好。

波阿斯是一個真男人。他幫助這個世界成為一個對所有人都安全的世界，並包括女人在內。這個世界乃是一個損害女性，過分利用她們的世界，然而，沒有人會注意，更沒有人會理會這種歪風。波阿斯注意到路得，他看到她的內涵，而且打算盡自己的本分去敬重她。他接待路得如自己的親鄰，與她平等對話。在這裏上演的不是一個愛情故事，或是一個找配偶的活動，而是一份盟約，一份根據他們彼此間相對性的恩賜與神的約愛(*hesed*)並神的慈愛所建立起來的盟約，而神造男造女乃是要彰顯祂的榮耀。路得和波阿斯一起把神在路得記的旨意成全。正如在今日亦只有女人和男人一起工作的時候，才能成全神的旨意，只有女人和男人一起才能彰顯神的整體形像。

如果拿俄米是希伯來聖經中的女約伯，是「神親手擊打的」那個人，那麼，波阿斯必然是神祝福所有受造之物的美麗之處的形像，而且神是樂於在女人和男人中間。人如果未能領會世上有些男人會以公義對待女人，並且會尊重她們，會平等對待她們，那麼，他們就掌握不到男女平等主義的精神的要領。男女平等主義精神的要領就是，雖然在文化、傳統、社會、哲學和神學上，人類被分成等級，而男女的定義都被加插了扭曲的含意，但我們每個人都可以超越這一切定義，做個真正的女人和男人。

路得記告訴我們，雖然這個存有性別歧視的世界將我們描繪成某種人，但我們是可以超越這個格律的。我們可以成為有男性力量的女人和有女性般敏感的男人。路得記告訴我們，女性沒有責任去開化男人、影響男人，但這是男人的責任去接受開化。

當然，我們所遇到的試探是，在面臨有嚴重性別壓迫的環境下，去懷疑是否真的有平等創造的可能，去懷疑男人是否真的可以承認女人是完全的人。但是，這正正就是拿俄米希望路得要避免的危機。因為視性別歧視為無處不在的東西，或只會看到有性別歧視，好像女性的意識開始要從我們裏面沖破出來的話，就等於在我們個人的完整性有望實現之前，冒險把我們的個人完整性根絕。

屬靈的生命乃奠基於人努力成全神對受造之物所定的旨意。如果我們是真正的屬靈人，我們不單相信我們所講的，並且也會使我們所相信的成真，使之實現。如果我們假設，神照自己的形像創造女人，然後不重視她們的屬靈價值和她們的完整性，這就等於將靈性的本質扭曲。另一方面，如果我們明白神創造男人是要他們與女人分享生命，卻又假設男人生來是沒有能力與女人平等地一起生活和工作的話，這就等於否認神的旨意。這就會將人的屬靈生命扭曲。

憎惡男人，就是患了妄想狂，是要把每一個男人視為敵人。憎惡男人是女性自我發展中的大敵。憎惡男人會阻礙新世界的來臨，因為憎惡男人的人未能領悟男女平等主義並非女性的事，而是人類的事。他們亦未能明白父權制並非男性的事，男人並非天生的壓迫者，父權制乃是一個制度上的問題。他們未能明白父權制是一個既壓迫女人又貶低男人的制度，父權制扭曲神在男女身上的整全形像，無論扭曲的程度是如何的不易覺察到。

直到女人和男人同時開始領悟到，因對不同的性別作出的定義而限制生命成長的性別歧視制度，對男人和女人都具有同樣的破壞力的時候，男人和女人才不會繼續被輕視。基於性別不同而壓迫女人，並假稱基於天賦的人權而給予男人特權，其實是會將兩性摧毀。在男人和女人一同看見任何一個性別歧視的制度對兩性都具有破壞性之前，人是沒有希望根治這種病態。把不能達到、不合理和不健康的目標放在男人和女人的肩上，單把男人變成工作的機器，並只把女人看成是性工具，就等於剝削兩性的權利，使他們不能成為完全的人，也不能有正常的屬靈發展。更壞的是，這會使真實、真正的靈性無法出現。

在一個性別歧視的制度之下，女性發現她們的智慧被抑制，而男性發現他們的情緒被殘害。人會對女人說：「你無須接受教育。」當女人的頭腦並不靈活，即世界損失了它一半的資源的時候，他們會強辯：「將來你會得到男人的照顧。」當男人渴望有人能明白他們，人會告訴他：「真正的男人不會在女人面前直認自己其實是怕得要命。」結果，男人和女人仍然被囚禁在自己的內室裏面。

拿俄米希望路得得著的，就是這種能看穿人靈性之差別的洞察力，而只有洞察力才能拯救我們。作為女人，在我們可能得到其他人視我們整個人為寶貴之前，我們必須先有洞察力，能不偏不倚地看我們自己。我們必須替自己重新釐定怎樣才算為女人。女人必須要明白，成為一個女人的意思不是指做一個女性那麼簡單。要成為一個女人，就要成為一個有心思的人，和一個能從不同的角度去看透事理的人。要成為一個女人就要同時承擔世界的未來以及保存最優良的傳統，掌握生命，使世界注重道德，使世界因此而形成和成形。我們必須守著我們的崗位，在人類其他有待我們探討的事情上，成為議事的聲音。我們也必須發展出那種洞察力來，能明白當男人打算操控人類另外一半的時候，他們並不是真正的男人。我們必須擁有屬神的女性特質，和擁有在我們裏面的聖靈。

拿俄米和波阿斯教導我們，我們需要放棄讚揚並停止忍受那種不完全的男人。我們也必須停止忍受不成熟的女人表現：停止容忍她們那些不成熟、發展不完全的表現。這樣，女人才會有機會成為完全的女人。而男人和女人就更能一起共處，而不會各顧各的。這樣，神的榮耀會在他們兩者身上彰顯出來，讓他們互相看見。

註釋

1. Friedrich Nietzsche, "Woman as Dangerous Plaything," in *History of Ideas on Woman*, ed. and trans. Rosemary Agonito (New York: G. P. Putnam's Sons, 1977), p. 268.

第9章

裝備下一代的時刻

EMPOWERMENT

路得記 三 1~5

路得的婆婆拿俄米對他說：「女兒阿，我不當為你找個安身之處，使你享福麼？你與波阿斯的使女常在一處，波阿斯不是我們的親族麼？他今夜在場上簸大麥；你要沐浴抹膏，換上衣服，下到場上，卻不要使那人認出你來。你等他喫喝完了，到他睡的時候，你看準他睡的地方，就進去掀開他腳上的被，躺臥在那裏，他必告訴你所當作的事。」

路得說：「凡你所吩咐的，我必遵行。」

NAOMI TELLS RUTH TO WASH ANOINT AND DRESS
THEN TO PRESENT HERSELF AS BOAZ SLEEPS

當一個女人明白到其生命是何去何從的時候，為了後世所有的女性著想，她是有義務去將箇中真諦剖白出來的。這樣，相比她從前所過的日子，後世女性的生命會因著她而活得更好。不然，她作為神另一形像的角色會就此消失，將來在世上將不再如昔日那般，會更難看到這個形像。路得記所帶出的是，女性必須謹守她們在神旨意中的崗位。拿俄米正是這樣的一位女性。拿俄米是一個懂得世道常情的女人，她雖然在社會體制上是個弱質女性，但她很堅強。她高度意識到自己有著作為拉結、利亞並撒拉女兒的尊嚴。她知道自己在神掌管萬物的規律中所有的崗位。她要將這個意識傳授給路得，使這個社會體制更臻完整，即或她每次拉近只一吋的距離。

其實，每一代女性都塑造成她們下一代的女性。有怎樣的上一代，就有怎樣的下一代。上一代開創的事會由下一代來達成，上一代避而不去面對的事也會由下一代來承受。「女人是不會做那種事的。」上一代的人這樣告訴她們的下一代。「不要叫他生氣，親愛的。」一個女人勸告比她年輕的女子。「無論你丈夫有甚麼要求，你都要辦到。」一位母親告訴她的女兒。「你要在結婚之前開展你的事業。」這是一位女輔導員給女學生的忠告。

歷世以來，都有女人給女孩子指點人生路，她們一個傳一個的，不知凡幾。我們看重的女孩子也學著去珍重，但我們看不到的、沒有考慮清楚的、沒有講明白的，她們就要獨自花多年的時間去發掘出來。我在十歲賺到平生第一個五毛錢，並計劃好要怎樣用這些錢。可是母親領我去街口那間銀行，我手裏一直拿著兩枚二十五分錢幣。母親用我的名開了一個儲蓄戶口，她說：「潻娜，將一個二十五分錢交給那位先生，你一定要把收入的一半儲起來，身無分文的女人是一個沒能力照顧自己的女人。」他們從我手中取去那二十五分錢幣的時候，我往後卻步。但我知道經過這樁事件以後，我朝著女性的成年期成長，已向前又邁進了一步。

拿俄米也看重保障。這是她那一代人首推的理想，是她那時代的女性惟一真正關注的問題。那時候，女性的保障只存在於婚姻之內。沒有婚姻的女性是會捱餓的；沒有婚姻的女性是會被視為不守婦道的；沒有婚姻的女性是會被視為沒啥用的人。婚姻是女性在所難免的事。受教於宗教規條，女性要靠分娩來得到拯救。但畢竟，女性還為何而生？毫無疑問，作為一份保障，所以婚姻是路得必須要得到的，這當然也是拿俄米所看重的。

但是拿俄米同樣看重路得，她也同樣看重裝備路得。這個兒婦並不是她的女兒，卻是她畢生僅有的全部。她要路得得著最好的。「我的女兒啊，我要為你找點保障，要為你好。」這是發自一位自己個人保障都難保的女人，發自一位自己的保障已經破滅了的女人。但是，縱使自己的情況不妙，拿俄米更著緊的是路得的景況，她是為裝備路得而活。歸根結底，這就是每一位女性的夢想。女性希望自己的女兒，就是那個接續自己的女子，會比自己得到更好的裝備。因為她會竭盡所能，使神的旨意在自己女兒身上成就。在這個例子中，裝備的意思是替路得覓得一個丈夫，雖然要促成這段婚姻是會使人感到氣餒，更何況拿俄米是為一個外邦寡婦在異地找保障。

拿俄米的話說來猶如列祖所說的話那麼肯定，正如亞伯拉罕差以撒去尋覓妻子傳宗接代一樣，她則叫路得去找一個丈夫。拿俄米不是吩咐路得隨便去找一個丈夫，她要路得所得到的比一份保障還要更多，她是為了路得的好處。拿俄米對路得有一份約愛，就是神的慈愛。拿俄米和路得彼此都以約愛相待，神慈愛的手在她們的生命中彰顯。儘管是有極大的困難，拿俄米要路得所託付終生的人乃是一個會珍重路得的人，她要這個人好像自己一樣珍重路得。她要路得嫁給波阿斯。

波阿斯是一個好人。他是拿俄米的先夫以利米勒僅有的兩個男性遠親之一。按著猶太人的律法，在伯利恆兩個至近的親屬中，波阿斯是其中一個，並且有權去「贖回」，即按著繼承遺產的法律，為以利米勒家買回他們家的地，因為以利米勒和他的承繼人都死了。這是一個嚴峻的時刻。因為一家失去土地、失去後嗣、失去名字，就會危及他們整個家族的安危，使那家族從此在世上消失。但是，替他們的家族贖回土地是一回事，替路得找個丈夫則是另一回事。不錯，拿俄米希望波阿斯娶路得並為以利米勒家贖回土地，但她最想見到的是，波阿斯是為了路得的緣故而這樣做。拿俄米要對年輕的路得負責，而且她不想撇下路得，叫路得無能力適應新環境的生活。

乍看之下，裝備下一代好像是一件難以想像的事。我們有哪一個可以保證在任何一個已經有一套既定的社會制度的社會中，女性能得到保障？而且，它還往往是一個有了既定的宗教原則、圍繞著男性的需要、價值觀和特權為考慮的社會？如果女性被禁止上學，像世界很多地方不准女性接受教育一樣，我們應怎樣教導我們的女兒在將來照顧自己？如果女性是不可以投票的話，我們又怎樣教導她們代表自己去作出選擇？如果女性不能與男性同工同酬，我們怎樣使她們在不幸的婚姻中挽救自己，或者當婚姻失敗後撫養兒女？如果女性被拒諸門外，不能在教會中成為有自己特質的羣體，那麼，一個女性的見識怎能豐富人類的屬靈領受？把路得送去一個不會給她留餘地的景況，無疑是在路得還未嘗試之前，使她注定失敗。但是拿俄米也知道每一個活著的女人所知道的。除非我們在有生之年肯作出冒險，否則，那些現在引我們為榜樣的女性，她們在未來的路將不會好走。不但如此，世界也不再是一個完整、有人性的世界，在未來的日子，世人也不會比現在更加貼近神的心意。而現在，世人仍是活在一個抱著二神論和講控制權的世界，不管這個情況是如何的輕微。

事實上，拿俄米清楚知道路得在尋找保障的時候所會遇到的困難。路得是個摩押人、一個外國人、一個賤民、一名寡婦；而波阿斯是城中最有地位的男人之一，他較年長、有財富，是個有名望的猶太人。顯然，這是一個複雜的社會問題，包括種族問題、年齡問題、加上宗教上的考慮。在一個已有一套制訂的法則的社會，按照社會慣例，對這樣的婚姻實在不能寄以厚望。打發路得去波阿斯那裏無疑是標榜以色列的傳統。除了一樣是例外的，就是公義。波阿斯有他的責任，或者有人會説是一個很微不足道的責任，然而，這是他一個真實要負的責任。波阿斯不是在技術上要娶路得，因為路得不是他死了的兄弟的妻子，而娶死了的兄弟的妻子基本上是利未人的婚姻制度的特色。但是，作為最近的男性親屬（*go'el*），他被指定為要贖回以利米勒家產業的人，他也需要看管以利米勒家的地。故此，他對這家有很充分的道德責任。[1] 而拿俄米著意要迫使波阿斯履行他的責任，但她為的並不是自己，而是路得。

顯然，路得已成為拿俄米的保障。但是，那個叫拿俄米擔憂的問題，在拿俄米死後，就會成為路得的問題嗎？這就是當每一個女性與自己的女兒、或其他較她年青的女性相顧而視的時候，她們所有的疑問。

顯然，驟眼看來，拿俄米好像是引導路得在性方面作出一些犧牲，因為打井要打得愈深，就要走得愈近去看。

拿俄米冒著要像神而走的危險，去跨越種族障礙、宗教規條，以及男性特權的界限。在神看來，拿俄米的名字是"*Shaddai*"，意思是有乳房的神。拿俄米一心一意要求當時的社會與社會責任鬥爭。而路得已準備好去爭取，好像她曾下田進入收割的男工中間一樣，她現在是要按自己的條件冒險進入猶太人的社會中。路得不管以前有甚麼準則，她都要開始一一打破。

因此，對年長的拿俄米來說，她所遇到的屬靈問題是：要在她身處的社會、在那裏長大的社會活下去，而且要小心仔細察看那個社會，恨恨地批評它，與它角力不鬆懈，然後，把它轉型成為合她心意的社會。如果我們真的希望裝備下一代，這個問題也成為我們每一代女性的問題。拿俄米這樣做是為了自己嗎？不是的。她乃是為她以後的女性著想，她會把自己的世界留給她們。她未能挫敗不公義，這是她知道的，但她會那樣做。她知道有不公義的存在，但她沒有指正出來，不公義就把她牽連在內。那位她認識但沒有表明出來的神，乃是一位看不見的神。信仰乃是要求我們在世上成全神的心意，但我們若選擇「屬靈」，而這個「屬靈」的定義是：走去退隱並自行遵守一套宗教規條，過信仰生活，然後從中得著慰藉，那麼，我們就會使信仰和屬靈生活成為一個笑柄。

如果我們沒有對自己的生命作出判決，我們不可能使那些步我們後塵的人的生命活得更好。毫不猶豫就假設那些對她自己來說是典範的東西，對她的女兒也是同樣適用的女性，只會辜負她們的下一代。知道問題的所在但從來沒有清楚講明出來的女性，就等於全然出賣自己的女兒。女人遇過不公義的經驗而拒絕說出來，會辜負每一個曾生於世上的小女孩。我們的任務不是傳遞一些舊答案，我們的任務是要裝備在我們以後來的女性，給她們提出新的問題。否則，我們會冒著把重擔傳給下一代的危險，但我們的下一代是不應背負這些重擔的。

一個紀元的職責必須是為新的紀元建立橋梁。作母親的告訴自己的女兒，一輩子都在懷孕是過度的懷孕，會令社會面對家庭計劃的問題。堅持要送兒子上大學一樣而送女兒上大學的母親，使世界關注到女性。隨著她們心中的星星引導而行的母親，她們正好像她們帶孩子時那般細心地發展自己個人的天份，這些母親指給世界看怎樣可以建立一個家庭，是無須為其他人的舒適自在而犧牲她一個人的一生。

年長一輩女性的職責是裝備她們下一代的女性。作為年長一輩的女性，我們要直到將所學到的每一樣東西都教導下一代的女性，給她們每一個問題，使她們完全作好準備，裝備她們去開始行動，容讓她們有冒險的權利，我們才算完成我們的責任。不然，我們便會使她們在只為有權勢的人而設的社會中變得軟弱無力。不然，我們就是向有權勢的人投降，使下一代女性的靈性變得遲鈍，不給予她們機會去過一個豐盛、有深度和更完全的人生。對拿俄米和路得來說，其他的一切都起不到裝備的作用，都是沒有價值的，因為她們知道在她們裏面有神的約愛，以及神對女性的慈愛，而且這是她們所信靠的。

註釋

1. Robert L. Hubbard, Jr., *The Book of Ruth* (Grand Rapids: Eerdmans, 1988), pp. 50~51.

第10章 自我定義的時刻

SELF-DEFINITION

路得記 三 6~14

路得就下到場上，照他婆婆所吩咐他的而行。

波阿斯喫喝完了，心裏歡暢，就去睡在麥堆旁邊。路得便悄悄的來掀開他腳上的被，躺臥在那裏。

到了夜半，那人忽然驚醒，翻過身來，不料，有女子躺在他的腳下。

他就說：「你是誰？」回答說：「我是你的婢女路得。求你用你的衣襟遮蓋我，因為你是我一個至近的親屬。」

波阿斯說：「女兒阿，願你蒙耶和華賜福。你末後的恩比先前更大；因為少年人無論貧富，你都沒有跟從。女兒阿，現在不要懼怕，凡你所說的，我必照著行；我本城的人都知道你是個賢德的女子。

我實在是你一個至近的親屬，只是還有一個人比我更近。你今夜在這裏住宿，明早他若肯為你盡親屬的本分，就由他罷！倘若不肯，我指著永生的耶和華起誓，我必為你盡了本分，你只管躺到天亮。」

路得便在他腳下躺到天快亮，人彼此不能辨認的時候就起來了。波阿斯說：「不可使人知道有女子到場上來。」

當一個女人採取行動，為自己的緣故把自己的世界建立起來的時候，她就認識到她自己在她的世界裏面乃是一股創造力量。拿俄米和路得並不是在那裏等候救援，她們乃是使救援行動展開的人。她們沒有打算要成為受害人，因為當日的社會並沒有注意到她們是要維護自己的生命這一點。她們知道人要成為神的器皿，要成為一股道德的動力的話，自己就一定要下定決心達成這件事。

生命往往是由少量我們看得見的東西和很大量我們看不見的東西組合而成。這樣的意識很少能像路得和波阿斯在打穀場上那一幕所表現的來得那麼真實。傳統的釋經學在解釋這段打穀場的記載時，都會集中研究經文中所用到的意象，是否可以用來證明波阿斯和路得之間曾經發生性關係。按經文記載，路得事實上曾沐浴更衣，悉心打扮自己，當她躺在波阿斯身旁的時候，是指到她「光著他雙腳」。因此，這裏出現了幾個重要的問題，包括路得有沒有引誘波阿斯？她是否就是用這個方法來使波阿斯迎娶自己？那不是老人家設下的詭計嗎？

我敢肯定，這些問題是真正值得我們研究的課題，同時也是一些叫人感到悲哀和難過的問題，這並不是因為它們是對假定的一些刺激、或者假笑、或者掌摑，而是因為它們非常晦澀，以致無法得知有甚麼是真正有待研究。這些問題不過是要提醒人，父權制的陳腐偏見。它們注重路得的女性感(femaleness)而完全忽視了她的女人感(womanliness)。

這就是我們在打穀場上沒有真正看見的情景。在本質上，這段情節所表達的是，做一個無權勢和被人丟棄，但同時又有智慧和忠誠的人，是甚麼意思。它所講的是關於把生命掌握在自己的手中是怎樣的一回事。

這段情節是講述兩個女人的生命，她們被忽視，感到非常絕望。她們所活著的世界，跟世上大部分地方的女人，就算是今日的女人都沒有兩樣。我們得承認、並同意一個女人的惟一選擇就是結婚，她所有的本錢就是性，她惟一的長遠保障就是生兒子，她的兒子將成為他們家庭的承繼人，將來也會成為她的擔保人。如果你是一個女人，這就是一件關於應用色相的事，這是無可厚非的。但其實它所講的是：用性來智勝性別歧視的社會。它事實上講的是女性利用社會的制度去廢除社會制度。

當作為拿俄米和路得的生命的男人死後，她們就只是一個剩下的空殼(希伯來文為"*atvaeshar*")，是沒有生命的女人。婆婆拿俄米年紀老邁，不可能再結婚，而且她的兩個兒子死了，沒有人可以照顧她。路得是個年輕女子，如果她留在自己本國，她或可以有再婚的機會。但是在所有的經文中，摩押人是惟一一個被妥拉(*Torah*)咒詛的民族，路得作為一個摩押人，她在伯利恆再婚和被當地社會接納的機會，即使不是沒有可能的話，機會也都是微乎其微。很明顯，當路得決定與拿俄米留下來而不返回她自己的家鄉的時候，她是把自己的將來和過去都留在摩押。

不過，與此同時，她也有一個希望。因為以色列是一個重視親屬關係的社會，拿俄米的家族也在伯利恆，儘管現在仍在伯利恆的親戚都是她的一些遠房親戚。而且在以色列，照顧寡婦是全族人的義務。但是，儘管如此，卻沒有事情發生在她們身上。或者，這裏有人給了她們一谷小麥，那裏又有人給她們一杯涼水，但是，這些都是善舉而不是保障，它們並不是永恆的，而且在這些行動中也沒有愛。在以色列這個聲稱忠於約愛和神的慈愛的社會，雖然人人都會期望那些作親戚的會為她們做點事，但沒有男人主動來使這兩個女人安定下來，替她們找個家，連一個人都沒有。

從最樂觀的一面看，仍是會令人感到不安的事實是：假如拿俄米知道波阿斯是她們的一個男性近親，他是有權贖回她們家的那塊地和照顧她們家的女人，那麼，波阿斯也都會知道。但是波阿斯，不知他是因為甚麼原因，無論他有甚麼苦衷，並沒有用甚麼實質行動來幫助這兩名婦人改變困境。無論眾先知如何吩咐以色列民，寡婦和外人是有得到照顧的權利，但在以色列這個男性社會，人們並不以「慈愛」對待拿俄米和路得。所以，波阿斯在打穀場上也照樣甚麼都沒有做。

拿俄米和路得使打穀場成為一個她們掌握當日社會制度的地方。她們在那裏設計要波阿斯屈從。她們活在一個說女性本身不是作出改變的人、並說甚麼都不可以改變的社會中，使社會作出改變。她們就著在法律上對她們所作出的小小關照，在一個對女性來說是死亡交易場的世界，把自己從死亡中解放出來，無論世界是如何的不懷惡意。

拿俄米和路得帶波阿斯從律法的字面意義去到認識律法的精神。結果，波阿斯答應贖回地和地的原主人留在仁慈的糞堆中的女人。

那會否是一個性策略？很可能是。畢竟，在一個只看到女人有性價值的社會，一個女人還有甚麼其他計策可施？問題是，無數由人所造出來的社會，既然都是以性來象徵女性的首要價值，為甚麼當女性利用性來達到目的的時候，社會人士卻嚴厲批評她們，將她們標籤，懲罰她們？又例如，為甚麼我們通常將妓女的名字登出來，但不會把那些舞男的名字登出來？為甚麼我們要女人留在家中，但當她們離婚之後，卻強迫她們和她們的孩子生活在低於一般經濟水平之下？為甚麼，我們令婦女一生不能享有同工同酬的權利，也不讓她們在丈夫死後，得到她丈夫全部的退休金和社會保障金？為甚麼人會以偏概全，以女性的部分作為女性的全部定義？為甚麼世界各地的人都不允許女性自己講自己是誰？而且所有這些定義都說是根據某些宗教標準而制定出來的，是神聖的。

這個信息在我們這個時代要指著我們講的，肯定比當日指著路得和拿俄米講的不相伯仲。我們不能坐以待斃，等待一個對性別盲目的社會來拯救我們於不公平之中，因為這個社會從不會反問自己，社會的法律、習俗和職責如何分別影響到女性和男性。為甚麼有些社會制度為那些制定制度、控制制度和從制度中得到好處的人運作得很好，但又會改變呢？為甚麼一個犧牲其他人的利益而令某些人得以昌盛的制度，無論所犧牲的是如何的輕微，會自我破壞呢？為甚麼農場主人會自願釋放他們的奴隸？為甚麼企業自動與職工會分享他們所賺到的利潤？為甚麼一個男人願意與一個女人均分財產和家務，而這行動是代表著失去權力和實際利益呢？當然，除非這是因為在這個均分行動的背後，有著一些大家視為更真摯的東西。嘉韻告訴我：「孩子出生後，泰迪和我會轉做兼職。這樣，他會在日間照顧孩子，我就會在夜間照顧她。這是我們想到可以有孩子的惟一方法。」在那一剎那間，我觀察到「為人母親」變成為「照料孩子」，而為人父親也成為一種生命的狀態，而不是一樁事件。我看到一個舊制度的倒下，被另一個較為完善的制度所取代。我看見一種新的自我定義開始出現。路得、拿俄米和波阿斯充分利用了一個制度去容納外人，而上述兩個年青人是改變另一個制度，使婚姻成為一個進取的行動，使夫妻雙方能得以完全。他們不是等待完美的世界出現，他們是為自己把世界改造成完美的世界。事實上，路得記將這個情況表達得相當清楚明白：我們要為我們所需要的，為我們自己作出保證。直到我們去作出改變之前，是沒有東西會改變的。

我們不能等待神使生命來一個徹底的改變。神不會用吹角和戰車干預我們為自己所開創的人生。事實上，甚至在路得記神也不是故事中的一個角色。女性所信賴的，是一位在祂的本質上、在祂的愛中是一個實體的神，而不是一場魔術表演。她們沒有等待神去施行一些神蹟奇事。如果神在路得身上要彰顯些甚麼，那就是在我們每個人裏面，我們擁有我們需要重組我們靈魂的組件。這是需要我們有勇氣去領受神所賜的恩惠，成為一切神要我們成為的人。

不過，在路得身上明顯出現了神蹟。在路得記，拿俄米和路得自己策劃她們自己的拯救行動，她們所採用的方法是，使那個阻礙她們去進行拯救行動的制度返回正軌，然後進行這次行動。毫無疑問，神是信賴人類、信賴我們的，祂信賴我們中間最軟弱的人，使人內心深知道那是神真正為世人所安排的。

路得確實去了打穀場，為她自己和婆婆的將來而努力。歷世歷代的女性都是這樣做的，利用世界給予她們的有限資源去製成世界所沒有給她們的。神鼓勵她們，賜她們力量，祝福她們的工作。而路得是在打穀場當中不停地愈加呼喚女性，直到所有女性也成為完全的人為止。女性不斷掙扎成為完全人的事實，可能是她們能夠在一個公義和愛的神裏所能作出的最大的信心行動。

第11章

無形的時刻

INVISIBILITY

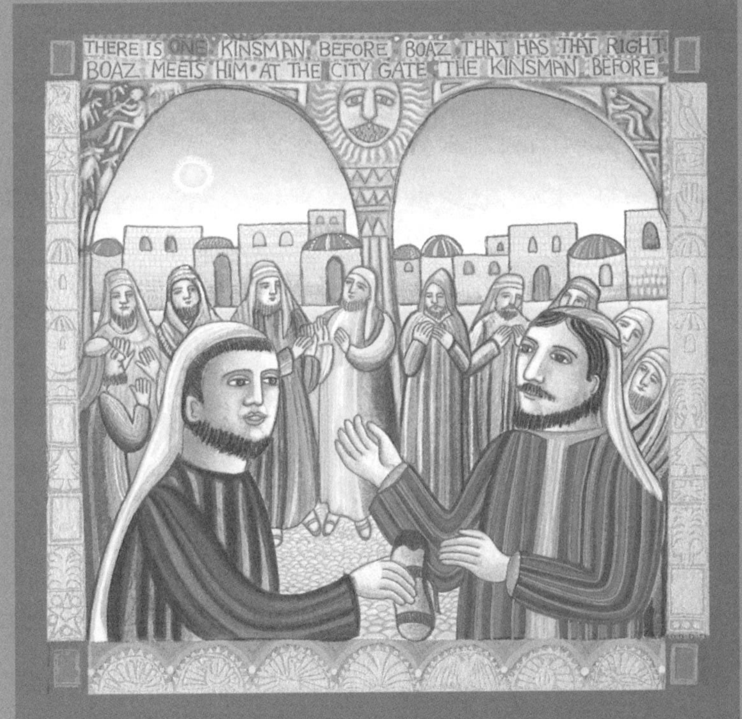

路得記四 1~10

波阿斯到了城門，坐在那裏，恰巧波阿斯所說的那至近的親屬經過。波阿斯說：「某人哪，你來坐在這裏。」他就來坐下。

波阿斯又從本城的長老中揀選了十人，對他們說：「請你們坐在這裏。」他們就都坐下。波阿斯對那至近的親屬說：「從摩押地回來的拿俄米，現在要賣我們族兄以利米勒的那塊地；我想當贖那塊地的是你，其次是我，以外再沒有別人了。你可以在這裏的人面前和我本國的長老面前說明，你若肯贖就贖，若不肯贖就告訴我。」那人回答說：「我肯贖。」

波阿斯說：「你從拿俄米手中買這地的時候，也當娶死人的妻摩押女子路得，使死人在產業上存留他的名。」

那人說：「這樣我就不能贖了，恐怕於我的產業有礙。你可以贖我所當贖的，我不能贖了。」

從前，在以色列中要定奪甚麼事，或贖回，或交易，這人就脫鞋給那人。以色列人都以此為證據。

那人對波阿斯說：「你自己買罷！」於是將鞋脫下來了。

波阿斯對長老和眾民說：「你們今日作見證，凡屬以利米勒和基連、瑪倫的，我都從拿俄米手中置買了；又娶了瑪倫的妻摩押女子路得為妻，好在死人的產業上存留他的名，免得他的名在本族本鄉滅沒。你們今日可以作見證。」

當一個女人開始明白，她的生命是完全由不得她自己來掌握，而事事都是要緊的時候，她在自己身上找到自己要為他人作出改變的理由。在路得記，有兩個很無助的女人，等待世人為她們伸張公義。不管她們事實上是有冤情，還是她們事實上是有需要，她們都是無能為力，要聽候社會的安排，她們在社會並沒有參與任何事的分兒。當別人作出一些最影響她們一生的決定時，她們就站在一旁，默默無聲。世上每一個經濟、政治、教會機構都把她們拒於門外，與她們站在一起的，是所有在門外乞求食物、祈求可以為自己分訴、渴求得到自己的靈魂的女人。

在我們開始領悟到甚麼叫被人小看之前，我們是不可能成為一個完全有意識的女人。拿俄米和路得面對著品德與信心的危機，她們向我們提供了一個作為一個女人是甚麼意思的比喻。但是，路得記也使人沮喪地清楚看見，一種能看透她們身邊的世界的洞察力。有哪個女性，甚至是今日的女性會不知道被人視若無睹的那種侮辱呢？她們被弄至沒有申明擁有權的文件、她們沒有契約、在商議中被人冷落、她們沒有銀行戶口、她們被逐出政府領導層之外，甚至連講說話都沒有一個代名詞是代表自己的？

路得記第四章清楚講述了路得的沉痛景況：她的命運要由兩個男人來做決定，而且他們下決定的時候，路得沒有在場聽著，他們亦沒有考慮過她的意見，他們也不去管路得有甚麼意願。無論路得是多麼情願嫁給波阿斯，但按當日的法律，有另一個人比波阿斯能更優先把路得娶過來和贖回以利米勒家的地。而波阿斯做了古時以來人所做的事：他尊重那人的權益多過尊重路得所渴想的，而路得渴想的是有自己的生命。

一直以來，我們不斷聽說波阿斯是一個正直的男人，他救助了兩個女人，是名符其實地代表了一位救贖的神的形像。從某一個角度來看，他的確是。他是在壞制度下的一個好人。但是，波阿斯這個願意接受一個敗壞的法律，接受一個對女人視而不見的制度的男人，並沒有做任何事去改變制度，那麼，他敬畏神的心究竟有多真?波阿斯的確善用了制度使女性得到好處，使他名垂千古，但是，他雖然能夠使到那個制度成為有利於自己，不過他卻沒有去質疑那個制度本身。

在城門口的談判中，波阿斯發現另一名親屬是很願意履行他作為死者的親屬責任，贖回死者的地。但是，那人並不願意娶那家的女人，雖然那女人適合結婚，能為他生後嗣。此人明顯是完全不關心那兩名寡婦的困境，她們在社會中並沒有安身之所，要任憑社會處置。波阿斯毫無疑問是一個良善慷慨的男人，所以他得到獎賞，贏取了路得。但他自己似乎並沒有做過甚麼去挑戰當時的社會制度，或責備法律。在關乎婦女的未來的事情上，那個制度和律法使婦女成為了抵押品。

這是一個既複雜又混亂的情況。好男人只因為他們是男人，所以，他們不會被開除。好男人不會受不人道的對待，不會不被重視，不會被人譏誚，以致能平衡女性之受不人道的對待和不被重視。一件惡事的因並不一定是另一件惡事的果。女性沙文主義不會修正男性沙文主義。無論誰是性別歧視的受害者，性別歧視就是性別歧視。無疑，好男人是好人，雖然有些奴隸主確實是很仁慈，但是，那並不等於奴隸制度是對的。世界需要一些可以從女人的角度去看世事的男人。

雨果(Victor Hugo)在《悲慘世界》(*Les Miserables*)中寫道：「正義有它的怒氣，正義的憤怒乃是前進的一個元素。」這句話叫女性一想起就戰抖起來，但眾先知卻知道箇中的真理。眾先知知道憤怒是一種德行。當然，無論它們的起因是甚麼，我們是不能把暴力和憤怒混為一談的。暴力是破壞的力量。暴力自以為帶有神公義的審判。但是，我們是有稱為聖潔的憤怒的。

義怒驅使我們去做正義之士，我們會為義而不惜付上代價。第一世紀的英國皇后波阿狄西亞(Boadicea)亦深明此道，所以她把妓女從獄中釋放出來，因為那些監獄是那些首先去嫖妓的男人想出來的東西。大德蘭修女(Teresa of Avila)深明此道而改革宗教生活；馬丁路德(Martin Luther)深明此道而改革教會。美國憲法的立憲者深明此道，並建立了一個新國家。瓊斯修女(Mother Jones)深明此道，她設立了勞工騎士(Knights of Labor)挽救窮苦的人，脫離謀取暴利的商人之手。廢奴運動領導者之一的哈瑞特塔曼(Harriet Tubman)深明此道，並冒生命危險引導黑奴得回自由。黑人女傳教士索喬納．特魯斯(Sojourner Truth)深明此道，她同時為了解放奴隸和為了白人和黑人婦女爭取平等，四出發表講話，不惜任何代價。女權運動領袖斯坦頓夫人、沃爾斯考夫特和泰勒(Elizabeth Cady Stanton, Mary Wollenstonecraft and Harriet Taylor)深明此道，她們為爭取婦女選舉權而公然蔑視法令，發動上街遊行，她們不管自己被收監、被人嘲笑和被人趕出公眾的地方。羅莎．帕克斯(Rosa Parks)也深明此道，她在一輛種族隔離的公共汽車上拒絕讓座。路得和拿俄米深明此道，於是開始為自己策劃拯救行動。

世世代代的女性亦都深明此道。她們被剝削能影響制定文件的權利，被剝削能影響決策的權利，此等決策管制著她們每日所做的抉擇，亦控制著她們的未來，使她們成為自己的生命的被動旁觀者。一代接著一代，她們變得沒有權力，但無論她們遇到多少攔阻，她們心裏一直存著一個簡單的疑問：「女人也是人嗎？」這個問題所得到的答案是：「是的，但是……」這仍然不是一個很好的答案。她們將這個問題留給她們的女兒，將問題種在她們的兒子的心中，並且把握每一個機會叫人注意。時間一點一滴地過去，流水把石頭沖得光滑了。真正的好男人聽到了箇中的真理，真正的好男人開始去改變事情。

在某些地方，女性取得選票。在某些地方，女性得到教育。在某些地方，女性獲得信任。在某些地方，女性有自決權。在某些地方，女性能夠得到她們需要的服務，過有尊嚴的生活，不論這些女性是否結了婚，是否為人母親。但是，不是所有地方都是這樣的。

到今天，在土耳其憲法之中，男人是法定的「一家之主」，一切家庭事務都要由他們來決定。到今天，愛爾蘭共和國的憲法仍然列明「女性的工作是在家裏的」。到今天，在美國仍沒有全國照顧日或全國幼稚園日。在科威特酋長國，女性自一九九九年五月才正式得到投票權。而在伊朗，女性不可以駕駛車輛。在很多地方，丈夫打妻子不算是罪行。有位太太對我說：「我丈夫帶了我們的孩子回伊朗。因為在伊朗，孩子是屬於男人的。我從此再沒有見過他們了。」

明顯地，在某些地方，女性在某些時間在人類社會中能完全發展到極限，但是，並非所有地方的所有的女性都是這樣。甚至在美國，也不完全是這樣。在美國，女性仍然努力爭取得到憲法永久承認她們與男性是平等的，而且是不會因著當日個別的千奇百怪的法例和法規而改變，這些法律的任何一條以至全部法律都隨時可以被廢除。

當然，事實有很多女性已接受了自己以及她們的女兒是無形的安排，她們沒有做過甚麼去扭轉世界上的不平衡現象，世界偏向支持男性權力、男性自由和男性自主權的男性特權。世世代代的女性已經想當然地接受她們是先天不足，接受她們是需要人指引方向，接受她們有責任以別人為先，而且她們仍舊是這樣做。她們學會了接受自己是低人一等。她們找到她們生命的中心是在她們以外，是在另一個由神所造的男人身上。那些哲學家和神學家說，男性比神所造的女性更加理智。他們比女性更能作出客觀的決定，他們比女性更加有智慧，眼光更廣闊，比女性更少情緒化，不容易搖擺不定。他們更熱中於作出鎮靜明智的行動，但核子戰爭、種族滅絕和奴隸制度等事件，明顯使這些矛盾的講法不攻自破。但是，漸漸地，受到每個年代的路得和拿俄米的激勵，愈來愈多女性和男性漸漸開始相信這個真理：呼召亞伯拉罕成為一個民族的列祖的神，也呼召撒拉、拉結、利亞和路得成為女列祖，照她們的形像和神的形像去建立他們的民族。

與此同時，在城門沒有路得的出現一事令我們損失慘重，城門是公眾以一個民族的身分去制定政策和決定民族方向的地方。那是一個很難想像的社會模式。撇開一半的人，而這一半的人據說是人類最會關懷別人和最富有同情心的一方；所以，使這一半的人不在場參與討論決定世界的命運，看來是一種瘋狂的行為。但是，如果不是基於關懷、同情、照料，人怎麼可能對生命作出一個合宜的決定呢？在路得記這關鍵性的一章，路得沒有出現實在是很「觸目」，路得的缺席使我們所有人有個新的意識：究竟那些女人在哪裏呢？我們沒有她們那種洞察力、那種眼光、那些經歷神的經驗，我們還可以得著怎樣的屬靈生命呢？如果生命不是由女人去塑造和下定義，正如它也是由男人去塑造和下定義的話，那麼，我們在生命的不同層面上，例如：在經濟、政治或社會上，可以有怎樣的一種生命呢？我們長久以來都忽視了，凡是神所創造的都要有形有體地顯明出來，使他們以不同的形式反映神的形像；但是，這種對受造之物的要求的義怒在哪裏呢？女性是有思想，是有義務為了人類的好處而善用自己的思想的，我們既然連這個都忽視了，更不必說我們會聽到世人有何義務了。

第12章
實現的時刻
FULFILLMENT

路得記四 13~17

於是，波阿斯娶了路得為妻，與他同房。耶和華使他懷孕生了一個兒子。

婦人們對拿俄米說：「耶和華是應當稱頌的！因為今日沒有撇下你，使你無至近的親屬。願這孩子在以色列中得名聲。他必提起你的精神，奉養你的老，因為是愛慕你的那兒婦所生的。有這兒婦比有七個兒子還好！」

拿俄米就把孩子抱在懷中，作他的養母。鄰舍的婦人說：「拿俄米得孩子了！」就給孩子起名叫俄備得。這俄備得是耶西的父，耶西是大衛的父。

當一個女人歸來，得回自己的時候，當她知道自己已成為一個有影響力的人，成為她生命的藝術家、她宇宙的雕刻家，成為一個有權利和責任的人，而且得到尊重和承認的時候，世界就開始復活了。拿俄米和路得這兩個曾經遭遇風浪、被打沉過的女人，現在她們以重要人物的新姿態出現，成為新生的創造者。對拿俄米、路得並伯利恆的婦女來説，她們是神的權能在所有女性和男性身上工作的記號。

我們以女性身分帶我們自己進到豐盛的地步，我們所作的也會令我們周圍的世界成為一個更完美的地方。當女性感到自己裏面的生命得以豐盛起來，我們見到的不單是在女性身上出現了改變。因為當女性得到發展，男性會變得更自由，他們的擔子會變得更輕省，自己也會變得更有生氣。現在，男性可以放下那種騙人的責任感，這種責任感不是使他們陷入控制別人的景況，就是會使他們感到絕望。他們意識到女人跟他們一樣都是人，只要女性得到機會，她們就好像男性一樣，是有能力自己照顧自己的，她們有能力做決定，有能力去計劃、設計和做領導者。就正如他們所做的。

男人從男性是高高在上的騙局中得到釋放後，可以更加放心去容許自己犯錯，因為對他們來說，把自己假裝成完全人的模樣已經不再那麼重要。他們開始明白，感覺並非表示不思想，反之，感覺乃是另一種認知方法，是另一種思考的方式，它是一種比無理性地鎖著自己在理性之中更好的生活方式。

當女人堅強起來，並實現自己的時候，男人就會找到一個伙伴，他可以與她分享分憂，倚傍著她。而他自己也會比麥迪遜大街或荷李活所講的「真男人」更加完全。一位當律師的父親談到他那名也是當律師的女兒的時候，這樣說：「她是全公司最棒的律師。我在沒有諮詢她的意見之前，是不會貿然作出任何決定的。」這個父親與那些看不見有甚麼理由要讓女兒接受教育的父親的看法真是大相徑庭。

當男人和女人能夠看到彼此的恩賜，他們會見到神形像的其他方面，這些方面是他們自己本身反映不到的。這樣，女人和男人便能合作體現人類的真貌，他們兩個並非一個是完全的人，而另一個是半個人；並非一個是完美無瑕，而另一個滿有瑕疵；並非一個是人類的標準，而另一個是比他遜色的影子。

在猶太基督教聖經中，神對路得記所表達的情況瞭如指掌。路得記把生命完全倒過來：路得記把自吹是行神旨意的人的假面具摘下來。乍看之下，波阿斯似乎是個贖主，但他充其量只是在那個社會制度下一個良善忠心的僕人，一個典型的守法男人，所以他按著當日的社會規定把路得贖回。但其實，女人才是那個制度的真正救星。拿俄米才是那個繼續與她的創造主一同去創造機會的人。是拿俄米提出建議去作出一些在法制之外的回應的。因著她的計策，他們整個世界變得更完整；路得則迫使社會制度超越它的極限。波阿斯不是在技術上受到約束而要與路得結婚，況且他也沒有試圖與她結婚，這是直到路得追求要得到比律法所要求他的更多的時候，他才有所行動。路得和拿俄米使當日的制度做到最美好為止。

所以，是女人推動這次贖回行動的過程、全人類的救贖、以及在人類的洪流中神的來臨；是女人密謀使路得和波阿斯對親的；是女人發起把關係建立起來的；是女人把解決事情的方法表明出來的。結果，伯利恆的婦女讚揚路得和拿俄米所推動的拯救行動。最後，眾婦女給孩子起名，這個做法在聖經其他地方是聞所未聞的。然後，路得最後並不是把孩子交給波阿斯，她把孩子交給拿俄米，而拿俄米視孩子如同己出。這是拿俄米從死復生的旅程，從外邦之地歸來，從無家可歸回到家中，使她在本來絕後的光景中，有新生代的出現。

這就是女性的工作，是女先祖的工作，以及神的工作。聖經十分直言不諱地說：「主使她有孕」。縱使傳統歷史傾向記述波阿斯是在場的，但他實際上甚至都沒有出現過。首先，以色列最偉大的君王是從一個摩押人、一個在低微的人中最低微的一個、一個完全沒有甚麼地位的女人而出。摩押人起先曾經因為他們排斥以色列人而被妥拉咒詛，但現在他們藉著一個女人成為以色列人的將來。這簡直說得再清楚不過了，就是沒有一個人是神不能在他身上活出屬神的生命的，沒有一個人是神不會藉著他彰顯神的工作的，沒有一個男人的工作比這些女人所做的工作更大。

反對路得記所說的，說女人並不能影響社會的制度，神並不藉女人施行祂的工作，是沒有道理的。說因為女人與男人「有別」，所以不能接受她們，所以她們沒有完全發展，所以她們缺乏人類共通的特點；對神的工作表示不滿意，充其量是在屬靈上的貧乏，但這也或者明顯是一種異端邪說。顯然，路得記是一個使神對人的旨意得以完成的故事，而且這是整個故事的中心。這是人類一個在神的恩典、神的異象和神的臨在之中，興奮起來的故事，而且是在每一處地方的每一個人都是一樣，女性是這樣，男性也是這樣。

在路得記，整個世界都變成新的了。人與人之間的關係改善過來，外人得到接納，低微的人被提升。新一代的男性，由一個男孩代表，承繼一個由女性所共同創造的天地。在路得身上，我們瞥見神的世界，並且發現神的世界與我們世界的運作是完全相反的。

路得的故事給今日女性所帶出的含意，使到所有沒有根據的假設失色，這些假設在世世代代以來都很根深蒂固，而且可能在世界每一個地方的任何一個制度下，仍為女性的生命帶來不愉快。這是女性的屬靈大憲章(Magna Carta)。在希伯來聖經中，路得繼續活著，她提醒我們人的出生與命運並不相同。拿俄米繼續活著，她呼喚一代又一代的女性去重新開始，她呼喚我們，不論我們是甚麼年紀，我們要為自己創造自己的生命，並且拒絕等待其他人猛地撲下來使我們開心快樂，叫我們無所懼怕，她呼喚我們要為發展自己心中的夢想而冒險，學習以女人的身分去相信自己，在我們大家彼此的身上找著我們自己，這樣，對我們外在的世界來說，我們比從前變得更加有價值，我們看自己是傳講神的道的使者，因為神的道仍是要有人述說，仍是要讓世人聽見的。

神的國度會在甚麼時候出現呢？如果是只有當女性的世界成為她們的世界時才會出現，那麼，她們的世界在甚麼時候會出現呢？如果是只有當每一個女性掌握到自己的生命，將生命改造，然後把它完完整整地交給下一代的時候才會出現，那麼，甚麼時候才會這樣呢？就是只有當好男人，世上的波阿斯們醒過來，明白女性的出現是神所創造的，並且迎接她們進入生命其餘的部分的時候，就是進入他們為自己守著而不肯放開的部分，才會出現。

我們有哪一個還未認識路得的呢？看那個住在茅屋，被男人遺棄，和剛剛用光食品兑換券的女人。還有那個年老婦人，年輕時受過教育，卻從來沒有一天應用過她的學位，從來沒有人問過她一個學術性的問題，從來沒有出席過一個有威望的座談會，從來沒有主持過一個公眾會議，縱使她事實上知識豐富，看過每一本她可以看到的書。她們不也是路得嗎？縱使事實上神在每個人心中作出呼召，仍有屬靈的女人雖然被按立，但從來沒有向會眾發過一言，或許她根本是從來沒有被按立，因為有人說：「神的心意並非如此」。

路得記提示我們，是時候要停止把女性的出現看成一種例外的情況，而要開始把它變成一個準則。原因是惟有這樣女性才會得到救贖嗎？當然不是。乃是因為如果不是這樣的話，人所要付出的賭注將遠遠高過女性的得到救贖。因為，如果人類由於戰爭、種族歧視、饑荒、環境破壞，而瀕臨滅亡邊緣，世界和世界上所有的機關都需要有女人的出現，需要有女性的價值觀和經驗，使世界得救。

我們確實必須要看這個女人的故事。我們不必太急於把它擱在一邊。我們必須細心思考，這個故事是否真的與我們個人生命中所經歷的很多事情沒有關係。我們必須問自己，很多路得所面對的事情，我們是否真的沒有真正在面對。但是，我們該怎樣做呢？路得的故事要立即告訴我們，神在女性生命中的位置和旨意是甚麼呢？神在我自己的生命中的旨意又是甚麼呢？

路得記實際上是一個關於贖回的故事，但是，它也同樣講述波阿斯和以色列的贖回，關於家庭和文化的贖回，關於男性的下一代和女性的下一代的贖回，關於信仰的義和虔誠得贖的贖回，關於我們的贖回，和這個我們認為是支離破碎卻又理所當然地享有的世界的贖回，就好像路得和拿俄米的贖回一樣。路得記講述的是女人幫助女人去打破隔閡，使人不再軟弱無力，因為隔閡影響著每一個活著的人，包括男人、女人和小孩。

這是一本寫在每一個女性和每一個男性的屬靈生命上的書。但這本書還沒有完結，它要留待每一個女性親自將餘下的部分寫出來。

參考書目

Atkinson, David. *The Message of Ruth.* Downers Groves, Ill.: InterVarsity Press, 1983.

Carmody, Denise Lardner. *Biblical Women: Contemporary Reflections on Scriptural Texts.* New York: Crossroad, 1988.

Collins, Gail. "The Editorial Observer." *The New York Times*, May 18, 1999, p. A30.

De Mello, Anthony, *One Minute Wisdom.* Anand, India: Gujarat Sahitya Prakash, 1985.

Hubbard, Robert L., Jr. *The Book of Ruth.* Grand Rapids: Eerdmans, 1988.

Johnson, Eric. "Issues of Modern Living." United Press International, February 24, 1999.

Kates, Judith A., and Gail Twersky Reimer, eds. *Reading Ruth: Contemporary Women Reclaim a Sacred Story.* New York: Ballantine, 1994.

Levine, Amy-Jill. "Ruth." In *The Woman's Bible Commentary*, pp. 78~84. Edited by Carol A. Newsom and Sharon H. Ringe. Louisville: Westminster/John Knox Press, 1992.

Levinson, Daniel. *The Seasons of a Man's Life.* New York: Ballantine Books, 1978.

Nietzsche, Friedrich. "Woman as Dangerous Plaything." In *History of Ideas on Woman.* Edited and translated by Rosemary Agonito. New York: G. P. Putnam's Sons, 1977.

Ozick, Cynthia. "Ruth." In *Congregation: Contemporary Writers Read the Jewish Bible.* Edited by David Rosenberg. San Diego: Harcourt Brace Jovanovich, 1987, pp. 361~363.

Shea, Richard. *The Book of Success.* Nashville: Rutledge Hill Press, 1993.

Trible, Phyllis. *God and the Rhetoric of Sexuality.* Philadelphia: Fortress Press, 1983.

緊扣時代　服事教會

以文字傳揚基督真道

讀者意見表

衷心多謝你購買本社書籍。本社一直致力以出版事工服事教會，幫助信徒扎根於神的話語，促進靈命增長。為使我們的出版更能滿足你的需要，請填寫下列各項資料，並寄回或傳真予本社。

所購書籍：____________________

本書最吸引你的地方：
☐作者　☐適切性　☐文筆　☐設計　☐實用性
☐其他：____________________

購買本書地點：
☐基道書樓　☐基督教書店　☐非基督教書店

性別：☐男　☐女　職業：____________

信仰：☐基督徒　☐非基督徒

年齡：☐16歲或以下　☐17～25歲　☐26～35歲
☐36～55歲　☐56歲或以上

學歷：☐中三或以下　☐中五　☐預科
☐大學　☐研究院

☐我欲更多了解基道出版社的事工及考慮支持，請寄給我下列資料：
☐機構簡介　☐新書資料　☐基道會員通訊
☐《基道文字事工通訊》

姓名：____________________電話：____________

地址：____________________

____

傳真：____________ 電子郵件：____________

其他意見：____________________

____

多謝賜教！

意見表可以傳真（2687-0281）或直接郵寄以下地址：
香港沙田火炭坳背灣街26號富騰工業中心1011室
基道出版社編輯部收